MIK

TRINTA E UM SEGREDOS DE UMA MULHER INESQUECÍVEL

Segredos-chave da vida de Rute

Série sabedoria para mulheres

CENTRAL
GOSPEL

**GERÊNCIA EDITORIAL
e de PRODUÇÃO**
Gilmar Chaves

**COORDENAÇÃO
EDITORIAL**
Patrícia Nunan

**COORDENAÇÃO
DE DESIGN**
Marcos Henrique Barboza

TRADUÇÃO
Andreza Souza
Juliana Martins

REVISÃO
Patrícia Calhau
Patrícia Nunan

REVISÃO FINAL
Patrícia Nunan

PROJETO GRÁFICO
Marcos Henrique Barboza

DIAGRAMAÇÃO
Eduardo Souza

Dados Internacionais de Catalogação na
Publicação (CIP)

Murdock, Mike

*Trinta e um segredos de uma mulher
inesquecível* / Mike Murdock
Rio de Janeiro: 2009
152 páginas
ISBN 978-85-7689-105-5

1.Bíblia – vida cristã 1. Título II

1ª edição: janeiro de 2009

Editora Central Gospel Ltda
Estrada do Guerenguê, 1851
Cep: 22713-001
Taquara - Rio de Janeiro - RJ
TEL: (21) 2187-7000
www.editoracentralgospel.com

SUMÁRIO

QUANDO VOCÊ DESEJA ALGO QUE NUNCA TEVE, DEVE FAZER ALGO QUE NUNCA FEZ.

— Mike Murdock

1

A MULHER INESQUECÍVEL ESTÁ DISPOSTA A IR AONDE NUNCA ESTEVE, PARA CRIAR ALGO QUE NUNCA TEVE

Ambientes familiares geralmente são confortáveis, aconchegantes e tranquilizadores.

Algumas das maiores e mais populares redes de lanchonetes e restaurantes descobriram isso, tanto que uma delas utiliza cores, objetos de decoração e móveis familiares em cada uma de suas lojas espalhadas pelo mundo. O propósito delas? Fazer os clientes se sentirem bem, em casa, confortáveis, numa atmosfera de clima amigável.

O conforto pode reduzir o estresse durante a tomada de decisões. Pode remover a timidez para fazer novos amigos. Pode tornar a vida mais fácil.

A maioria das mulheres quer viver em circunstâncias confortáveis. É normal buscar coisas que são familiares para você. Mas Rute não foi uma mulher como as outras. Ela foi uma *mulher inesquecível*. Ela descobriu uma verdade que a maioria nunca percebeu: o conforto pode ser destrutivo, pois é capaz de matar a criatividade, destruir o potencial, neutralizar a produtividade e o crescimento pessoal.

Pessoas acomodadas ao conforto não obtêm muitas conquistas. São as pessoas em desconforto que produzem mudanças milagrosas em cada geração. São elas que criam teorias que mudam o mundo em que vivemos.

Rute estava disposta a deslocar-se geograficamente. Ela estava disposta a desligar-se de sua parentela. Estava disposta a seguir numa direção que nunca havia seguido e experimentar o desconforto, abandonar as velhas amizades, para iniciar um dos maiores capítulos da sua história.

Repare que os homens e as mulheres que se destacam nas Escrituras fizeram mudanças geográficas que lhes proporcionaram a grandeza.

Moisés teve de deixar o conforto do palácio para entrar na "escola do deserto".

Daniel foi levado ao cativeiro, longe de sua terra natal, para que seus grandes dons prosperassem.

José foi vendido como escravo, viveu longe do aconchego de seu amado pai, Jacó; então, foi levantado e promovido a governador do Egito.

Abraão teve de deixar sua parentela e sua terra antes de experimentar as inacreditáveis bênçãos de Deus.

Ester teve de deixar aqueles que a criaram, quando foi escolhida entre outras para ser rainha. Como rainha, ela se tornou libertadora de uma nação.

Jacó nunca teria experimentado a revelação de Deus próximo ao ribeiro de Jaboque se não tivesse deixado os braços seguros de sua mãe Rebeca.

João recebeu suas notáveis e sobrenaturais visões quando se exilou na ilha de Patmos.

A experiência do Cenáculo aconteceu quando 120 discípulos andaram pelas ruas de Jerusalém até o Cenáculo e receberam o poder do Espírito Santo, depois que Jesus os instruiu para irem até lá.

Filipe, o diácono cheio do Espírito Santo, foi tirado do avivamento de Jerusalém e levado ao deserto, onde encontrou o eunuco etíope (estima-se que noventa por cento da Etiópia foi evangelizada por causa da conversão do eunuco depois que Deus moveu Felipe até o etíope).

Mudanças geográficas sempre posicionam você para receber bênçãos e revelações sobrenaturais.

Um dos segredos notáveis da mulher inesquecível é sua disposição para deixar seu lar. Ela enxerga algo mais importante que o conforto temporário e o ambiente familiar. Ela sabe qual a recompensa da mudança. Ela consegue vislumbrar os benefícios que estão além da fase de dificuldades. Ela enxerga o fim tão claramente quanto enxerga o começo. Ela pensa à frente. Ela é sábia. Sim, ela é inesquecível.

Aquilo de que você está disposta a afastar-se determina o que Deus trará a você.

É provável que você tenha de desligar-se de algo que deseja, antes de experimentar a total e completa provisão de Deus em sua vida.

Caminhos espinhosos...

Situações difíceis...

Momentos de dor...

Campeões são simplesmente aqueles que estão dispostos a fazer mudanças dolorosas, para provar a derradeira recompensa que eles são capazes de buscar e alcançar.

Já conheci milhares de pessoas. As conversas continuamente revelam que a mediocridade é meramente uma atitude, uma indisposição para mudar.

Empregos incríveis aguardam por milhares — exceto se isso envolver uma hora de viagem até sua casa! Em vez de mudar de residência ou dirigir, eles simplesmente permanecem sentados no lugar chamado *mediocridade*.

Nunca reclame de seu futuro se você não estiver disposta a deixar seu presente.

Rute estava disposta a pagar um preço, a fim de construir um futuro extraordinário. Isso a tornou inesquecível.

Perceba: mudança é prova de confiança.

A única necessidade de Deus é que creiamos nele. Seu único prazer é que creiamos nele. Então, Ele nos instrui a fazer mudanças continuamente, como prova de que verdadeiramente confiamos nele e em sua autoridade sobre nossa vida.

Será necessária toda a fé possível para realizar as mudanças que Deus exigir em sua vida. Ele vai impulsioná-la, vai compelir você.

Em alguns momentos, sua lógica falhará. O intelecto falhará. A razão falhará. O conselho humano falhará. No entanto, você terá de confiar em alguém.

O melhor de tudo é que podemos verdadeiramente confiar em Deus. Você pode confiar a Ele coisas que você não entende. Pode confiar a Ele um destino que você não enxerga claramente.

Lembra-se de Jonas? Deus o instruiu para ir a Nínive. O profeta disse: "prefiro ir a Társis".

Você já parou para pensar por que embarcou num navio e agora está sendo sufocado pelo vômito na barriga da baleia? A resposta é simples. Deus programou você para ir a Nínive, e você resolveu ir a Társis!

Se você não gosta de onde está, talvez esteja no lugar errado (obviamente, você pode amar o lugar em que está e ainda assim estar no lugar errado!).

Um dia um pastor me telefonou aflito e disse: "Mike, estou desesperado. Deus acabou de abrir uma grande porta para mim como pastor, e eu tomei uma decisão. Minha esposa se recusa a ir comigo para a nova igreja. Ela se recusa a orar comigo por esta decisão. Ela diz que nunca mudará de casa pelo resto da vida. O que devo fazer?"

Obviamente, este não foi o primeiro problema que eles tiveram. Infelizmente, ele não soube usar sabedoria e estratégias para ajudar sua esposa a buscar o Espírito Santo e receber a orientação correta.

Deixe-me dizer apenas isso: essa não é uma história rara. Isto acontece todos os dias. Milhares de maridos sentem-se aprisionados num casamento que realmente não flui, porque sua esposa se recusa a fazer mudanças. Sua carreira é sabotada, seu entusiasmo é assassinado, simplesmente porque alguém em casa prefere ficar acomodado.

Essa não foi a primeira vez que esse pastor teve de lidar com a rebeldia de sua esposa. Ela já estava sabotando o chamado dele há algum tempo. Ele mal podia dirigir-se às pessoas no domingo de manhã. Ela o deixava totalmente constrangido diante do conselho de diáconos.

Alguns certamente se disporiam a analisar e fazer conjecturas a respeito da situação. Seriam como os conselheiros de Jó e diriam ao ministro que a rebeldia dela foi por um motivo válido. Por mais que "conselheiros" queiram explicar e justificar isso, um fato parece claro: um companheiro rebelde pode fragmentar os sonhos do outro por meio de uma simples indisposição para fazer mudanças.

Muitos lares são lançados diariamente nas rochas da rebelião. O conforto se torna um obstáculo, e não uma ponte para alguém que amamos.

Essa tragédia não acontece quando se tem uma mulher inesquecível em sua vida.

Essa é uma das razões por que considero minha mãe uma mulher inesquecível. Ela teve sete filhos. Meu pai foi pioneiro na implantação de pequenas igrejas no Sul. O salário mais alto que ele já recebeu de sua igreja foi de 125 dólares por semana. No entanto, nunca ouvi minha mãe reclamar dele ou maldizê-lo por seguir o Espírito Santo. As mudanças sempre foram muito difíceis, mas ela acreditou que Deus honraria o espírito submisso de meu pai.

Seu sucesso sempre está conectado a um lugar. Se você não estiver onde Deus a designou para estar, não prosperará.

Jonas é um exemplo brilhante disso. Seu maior crescimento e os capítulos mais grandiosos de sua vida nasceram num clima de desconforto, em meio a situações difíceis, incômodas.

AQUILO DE QUE VOCÊ DESEJA AFASTAR-SE
DETERMINA O QUE DEUS TRARÁ A VOCÊ.

— Mike Murdock

2

A MULHER INESQUECÍVEL SABE QUE O SUCESSO DE SEU FUTURO DEPENDE DE DEIXAR O PASSADO

Fico fascinado com o fato de que Rute se dispôs a deixar todo o conforto que tinha para buscar seu futuro. Sua parentela ficou no passado. Ela se recusou a deixar que sua educação e a religião dos seus antepassados fossem uma algema, que sabotassem seu futuro. Ela se recusou a deixar que seu passado roubasse o potencial de seu futuro.

Eu já disse várias vezes que a intolerância ao presente gera um futuro. Enquanto você consegue adaptar-se ao presente, você realmente não tem um futuro.

Rute se recusou a construir seu futuro em torno de seu passado. Alguns de nós ficamos relembrando experiências dolorosas do passado. Nós construímos todo nosso estilo de vida em cima dessas experiências. Nossas conversas são sempre sobre acontecimentos de dez anos atrás. Isso é perigoso. Isso é devastador.

Quando você fala sobre seu passado, você o perpetua.

As palavras geram vida. Quando você repete continuamente confrontos e situações dolorosas, está dando vida a eles, está fazendo com que eles se prolonguem.

A mulher inesquecível permite que o passado morra.

Rute fez isso. Ela não tentou ficar "em cima do muro". Ela se recusou a manter um elo entre passado e futuro. Ela abandonou totalmente os relacionamentos do passado.

Uma das situações mais tristes aconteceu na vida do patriarca Abraão. Ele insistiu em levar consigo para o futuro que Deus havia preparado o sobrinho Ló. Mas Ló foi um empecilho. A maioria dos problemas de Abraão estava ligada à presença de Ló. Deus disse a Abraão para deixar sua parentela e mudar para um território diferente, mas ele insistiu em levar alguém com quem se sentia confortável, para prejuízo de seu futuro.

Pessoas do passado raramente participarão de seu futuro.

É natural e normal querer trazer alguém para perto de nós quando obtemos sucesso. Mas poucos serão qualificados para isso.

Seu futuro deve ser conquistado. Não está garantido. Não é igual ao de todo mundo. Ele é uma colheita resultante das sementes que você está disposta a semear. Trazer pessoas do passado para o futuro é como usar odre velho para o vinho novo. Simplesmente não funcionará.

Então, prepare-se para entrar no futuro sem as pessoas do passado. Deus trará as pessoas certas com você... ou Ele preparará relacionamentos divinos e surpreendentes que vão além de seus maiores e mais loucos sonhos.

Afaste-se do passado. Você já usufruiu os benefícios que ele ofereceu. Recuse-se a perder sua energia consertando o que já passou. Antes, reconstrua focando em seu futuro.

Certamente o passado pode ser um reservatório de sabedoria e informação. Você não está deixando de lado a gratidão e a lealdade. Você não está esquecendo-se das vidas preciosas que Deus usou poderosamente para garantir sua sobrevivência e seu sucesso. Contudo, você está recusando-se a abortar suas alegrias e vitórias do futuro com as lembranças dolorosas do passado.

Paulo se recusou a ficar mergulhado nas lágrimas do passado. Poucos cometeram erros maiores que os dele. Paulo levou pessoas à prisão, cristãos foram assassinados por causa dele. Paulo tomou conta das vestes daqueles que apedrejaram o grande diácono Estêvão. No entanto, Paulo se recusou a perder seu futuro por causa de seu passado. Os erros dele terminaram. Seus pecados ficaram para trás.

Finalmente, você será forçada a tomar uma grande decisão em sua vida: abandonar totalmente suas lembranças e renovar o ânimo para construir seu futuro.

Suas conversas devem tornar-se mais criativas. Comece usando sua imaginação, em vez de usar as lembranças. Encontre novos amigos, experimente novos lugares.

Rute reconheceu quando os benefícios do presente esgotaram-se. Isso é muito poderoso e importante. Cada fase em sua vida contém certas vantagens. Seja um mês de relacionamento ou 90 dias em um emprego, você deve discernir os propósitos de Deus em cada situação, em cada relacionamento.

Nunca prolongue uma conversa com alguém quando o assunto já terminou. Você ficaria mastigando a mesma comida por três horas? Claro que não. Você ficaria lendo a mesma página do livro por três dias? Claro que não. Você deixaria um disco quebrado tocando a mesma música repetidamente durante horas? Claro que não. Você ficaria escovando os dentes por 12 horas? Claro que não.

Quando algo termina, está terminado.

Discirna isso. Reconheça isso. Busque isso. Seja constantemente intuitiva para discernir quando uma fase específica de sua vida foi concluída. Então, mova-se rápida e esperançosamente para a próxima fase que Deus programou para você.

Essa qualidade tornou Rute inesquecível.

VOCÊ NUNCA SAIRÁ DE ONDE ESTÁ ATÉ QUE DECIDA AONDE QUER IR.

— Mike Murdock

3

A MULHER INESQUECÍVEL SABE EXATAMENTE O QUE QUER

Rute era decidida. Poucas pessoas o são.

Você já notou a indecisão dos motoristas em um cruzamento? Já vi pessoas pararem 30 segundos em um cruzamento esperando que alguém faça o primeiro movimento! Já sentei com pessoas num restaurante que não conseguiram decidir em 20 minutos o que elas queriam comer! Algumas até perguntaram à garçonete o que deveriam comer!

Desenvolva a determinação. Pense no que você quer. Contemple. Medite nisso.

O que você quer que aconteça na sua vida daqui a dez anos? Quais as circunstâncias ideais para você se aposentar? O que você sonha em tornar-se? Você tem uma lista de objetivos e sonhos? Você já tirou um tempo para escrever isso detalhadamente?

Há alguns anos uma jovem brilhante sugeriu que eu pegasse um gravador, andasse por cada cômodo de minha casa e descrevesse claramente como eu queria que fosse cada um deles. Aconteceu algo maravilhoso! Eu descrevi exatamente quantos lápis e canetas eu queria, o tipo de papel que eu queria ao lado do telefone, e assim por diante. Foi elaborado, estimulante e emocionante.

Poucas pessoas têm separado um tempo para descobrir o que realmente as entusiasma e motiva.

Aconteceu algo interessante no meu momento de meditação algumas semanas atrás. Eu estava um pouco preocupado porque meus interesses frequentemente mudavam. Por exemplo: as cores que o meu decorador estava escolhendo para minha casa eram interessantes para mim. Eu sentia que nunca iria querer mudar minha opinião sobre isso por muitos anos. Poucas semanas depois, descobri outra combinação de cores que me entusiasmou novamente. Obviamente, não me senti confortável para mudar tudo que havia feito em minha casa. Nem teria dinheiro para isso. Comprei um carro. Adorei o carro... por três semanas. Depois fiquei entediado e queria trocá-lo.

Senti-me impulsionado pelo Espírito Santo a começar a fazer uma lista de coisas que nunca mudaram dentro de mim durante anos. Foi uma lista bem interessante... e aquilo realmente aliviou minha mente, porque havia mais estabilidade dentro de mim do que eu pensava. Muitas coisas jamais mudaram dentro de mim, como meu amor pelo conhecimento, meu desejo de colecionar livros e minha alegria em receber uma nova moeda rara de um amigo. Outra coisa que nunca mudou em mim é a contínua necessidade de alterar meu ambiente. Apesar da beleza do meu quarto e de minha cozinha, dentro de 12 meses mais ou menos, eu estava enjoado deles. Isso era constante.

Algumas coisas nunca mudam em você. Quais são? Deixe este livro de lado por 15 minutos. Pegue um pedaço de papel e rapidamente comece a escrever coisas sobre você mesma que têm sido constantes ao longo dos anos. Vamos lá. Faça isso agora.

Depois que o fizer, você começará a ter uma fotografia exata de certas coisas que deseja ser na vida e ter no seu dia-a-dia. Você também se conscientizará da qualidade de vida que está lutando para ter.

Há alguns anos, pedi que um consultor viesse ao meu escritório por alguns dias. Ele discutiria cada reclamação ou ideia com os membros de minha equipe. Depois eu quis que ele compilasse as informações, imparcialmente e sem preconceitos, do que ele achava da organização de meu ministério. Ele me interrogou durante horas. Caminhou comigo várias vezes, andou de carro e, até quando eu estava em cruzadas, falou comigo por telefone. Seu constante questionamento formulou meu foco notavelmente. Eu nunca me esqueci disso. Ele era implacável em

colecionar dados sobre minhas necessidades pessoais, meus desejos e meu apetite pela vida.

Quando foram os momentos mais felizes da minha vida? Quais os dias em que pareci aproveitar
mais a vida do que o comum? Quais os três maiores
problemas em que eu mais pensava todos os dias?
Quem eram as pessoas que me estressavam mais
quando estavam por perto? Quem eram as pessoas
em cuja presença eu me sentia mais à vontade?
Como eu gostaria de ser lembrado? O que eu con-
siderava ser a tarefa mais importante para fazer a
cada dia? E semanalmente? Mensalmente? Se eu
tivesse que eliminar 50 % de todo o meu trabalho
no ministério, o que eu deixaria? Se eu tivesse uma
repentina crise de saúde, um ataque cardíaco ou
alguma outra emergência médica, o que eu mudaria
primeiro no meu estilo de vida diário?

Perguntas fascinantes eram lançadas a mim
continuamente. Foi aos poucos, mas certamente
desenvolvi uma compreensão do que realmente
queria da vida.

Este é um pequeno e maravilhoso exercício. Poderia mudar sua vida para sempre. Peça a uma ou
duas de suas amigas mais chegadas, que sejam boas
em analisar e dissecar situações, para a interrogarem
implacavelmente, extraindo informações até que
você tenha uma fotografia perfeita e completa do
futuro invisível que está trabalhando para trazer

à realidade. Algo a está dirigindo, empurrando e forçando rumo ao seu futuro. Qual sonho você está inconscientemente tentando gerar dentro de você e em sua vida?

A determinação atrai as conquistas. Ela é como um ímã das pessoas extraordinárias e inesquecíveis, que apenas sabem exatamente o que querem e acabam alcançando seus objetivos.

Quando você estiver sentada em um restaurante, faça um pequeno teste. Observe cuidadosamente a entrada dos clientes. Perceba aqueles que passeiam e perambulam como se tivessem dúvidas de que escolheram o restaurante certo. Eles caminham lentamente até a mesa, pensando se deveriam mesmo estar ali ou se deveriam escolher um lugar diferente. Depois, observe cuidadosamente aqueles que entram confiantes e que, com uma voz firme, clara e alta, cumprimentam o maitre e dizem: "Precisamos de uma mesa para quatro, ao lado da janela, se possível". Perceba como este responde rapidamente, com entusiasmo e imediatamente começa a comunicar aos outros funcionários exatamente o que lhe foi solicitado.

Quando pedir sua refeição em um restaurante, fale de forma clara, firme. Não gagueje.

Alguém disse: "Se você aumentar sua voz dez por cento e andar vinte por cento mais rápido, gerará uma energia tão intensa que compelirá os outros a responderem favoravelmente a você e aumentará o nível de autoconfiança em cada pessoa ao seu redor".

Tiago orientou:

Peça-a, porém, com fé, não duvidando; porque o que duvida é semelhante à onda do mar, que é levada pelo vento e lançada de uma para outra parte. Não pense tal homem que receberá do Senhor alguma coisa. O homem de coração dobre é inconstante em todos os seus caminhos.

Tiago 1.6-8

Por que algumas vezes você se mantém indecisa sobre um assunto? Pode ser por falta de informação suficiente ou por falta de informação apropriada. Quando isso acontecer, simplesmente declare com determinação: "Decidi esperar 90 dias até saber um pouco mais a respeito disso". Você reteve o clima de confiança e determinação. Tomou as decisões com clareza.

Note o que Rute afirmou: *Aonde quer que tu fores, irei eu e, onde quer que pousares à noite, ali pousarei eu* (Rute 1.16). Ela sabia o que queria. Ela comunicou a Noemi o que desejava. Ela foi ousada no que queria.

Isso a tornou inesquecível.

4

A MULHER INESQUECÍVEL
É OUSADA EM SEUS DESEJOS
E COMUNICA-OS CLARAMENTE
AOS OUTROS

A ousadia tem poder.

Rute parou de buscar sugestões alheias. Sua decisão já havia sido tomada. Ela sabia o que queria. Ninguém mais discerniu o seu coração. Sua cunhada não compreendeu isso. Noemi, sua sogra experiente, sequer percebeu. Então, Rute resolveu informá-las.

Leia Rute 1.16-18 bem cuidadosamente, e você observará que a opinião dela já estava formada.

> *Disse, porém, Rute: Não me instes para que te deixe e me afaste de ti; porque, aonde quer que tu fores, irei eu e, onde quer que pousares à noite, ali pousarei eu; o teu povo é o meu povo, o teu Deus é o meu Deus. Onde quer que morreres, morrerei eu e ali serei sepultada; me faça assim o Senhor e outro tanto, se*

*outra coisa que não seja a morte me separar de ti.
Vendo ela [Noemi], pois, que de todo estava [Rute]
resolvida para ir com ela, deixou de lhe falar nisso.*

Você nunca esquece uma mulher como essa.

Rute não tinha ânimo dobre. Ninguém precisava imaginar em que direção ela seguiria. Não havia dúvidas sobre sua vontade. Ela não estava perdendo seu tempo esperando, insinuando ou perguntando coisas sutis.

Repare que isso não é a ousadia ostentosa e impertinente.

Essa é uma viúva madura que decidiu o rumo a ser tomado e declarou ousadamente que seguiria sua sogra por toda a vida, até a morte.

Esse é o tipo de mulher de que o mundo precisa hoje desesperadamente.

Muitos mudam de ideia em 60 segundos. Isso explica a destruição de centenas de lares. Isso explica como a falha na comunicação tornou-se uma epidemia. Milhões de casais permanecem em frente à TV entediados, enquanto vulcões de desejos dentro deles continuam sufocados. Essas necessidades tornam-se um turbilhão de emoções, até que um dia explodem sem sentido e sem controle, destruindo os relacionamentos, em vez de unir as pessoas.

O chefe de equipe de um dos últimos presidentes norte-americanos fez um comentário interessante.

Alguém perguntou a ele como podia ser tão bem-sucedido em coordenar as diversas personalidades e complexas tarefas sob sua supervisão. Ele disse: "Gerencio pela filosofia da semente. Assim que detecto um problema em potencial surgindo, recuso-me a esperar que ele se torne uma árvore. Lido com isso quando ainda está no estágio da semente".

Quais são exatamente as suas expectativas quanto ao seu marido? E quanto aos seus filhos? Seus empregados? Eles sabem exatamente quais as suas necessidades? Você já as expressou clara e articuladamente a eles? Neste momento, sei que você está se perguntando indignada: "E se eles nunca me compreenderem? E se meu esposo nunca pedir minha opinião sobre um assunto, ou não se interessar em saber qual a minha vontade?"

Se esse for o caso, é sua responsabilidade educar aqueles que a cercam de acordo com suas necessidades, seus desejos e gostos.

Obviamente, o tempo é importante. Ouvir as necessidades deles também é sua responsabilidade.

Incentivá-los a expressar opiniões contrárias às suas, e não apenas a concordarem com você, é um presente que você também pode dar a eles. *Amai-vos cordialmente uns aos outros com amor fraternal, preferindo-vos em honra uns aos outros* (Romanos 12.10).

Isso a fará inesquecível para os outros.

TUDO O QUE DEUS CRIOU É SOLUÇÃO
PARA UM PROBLEMA.

— Mike Murdock

5

A MULHER INESQUECÍVEL SABE
A QUEM FOI DESIGNADA

Tudo que Deus criou foi para resolver um problema.
Este é o propósito de qualquer criação. Todo inventor sabe disso.

A criatividade é meramente a solução dos problemas atuais.

Mecânicos resolvem problemas em automóveis. Contadores resolvem problemas com impostos. Advogados resolvem problemas com a lei. Mães resolvem problemas emocionais. Ministros resolvem problemas espirituais.

Você foi criada para resolver algum tipo de problema enquanto está na terra. Você sempre é designada para uma pessoa específica ou para um grupo de pessoas. Moisés foi designado para os israelitas. Arão, para Moisés. Você foi escolhida para possibilitar que alguém tenha sucesso em uma área da vida.

Rute sabia que havia sido designada especificamente para Noemi. Rute eliminou de sua vida todas as outras opções. Desfez o compromisso com as demais pessoas. Abandonou a si mesma totalmente em busca da sobrevivência e do sucesso de sua sogra viúva.

O foco é muito importante. É o segredo por trás do poder.

Você só terá sucesso com algo que a consome.

Essa é a razão pela qual muitos lares desabaram. O foco foi perdido. Muitas esposas são mais entusiasmadas com seu chefe e o emprego do que com seu marido e seus filhos. Muitos maridos se esqueceram de ser o sacerdote do lar e o protetor de sua esposa. Consumidos pela busca de sucesso financeiro ou fama no mundo dos negócios, esqueceram para quem foram designados.

Alguém foi designado a ter sucesso por sua causa. Quem será?

Alguém falhará, a não ser que sua atenção seja totalmente voltada para ele. Quem será?

Estarrece-me saber que muitos não se preocupam de verdade com o local onde trabalham – é apenas um lugar onde compareçem para cumprir suas obrigações e receber o pagamento. Parece que para eles o pagamento é mais importante do que a pessoa por cujo sucesso são responsáveis.

Algo ficou gravado para sempre em minha memória. Certa noite, assim que terminei de pregar em uma grande conferência na cidade de Dallas, no Texas, uma jovem senhorita de aparência muito imponente, que ficou sentada no banco da frente durante todo o culto, abordou-me. Seus olhos pegavam fogo. O entusiasmo estava escrito em seu rosto. "Vou trabalhar para você. De alguma forma... algum dia... em breve. Sei que estou designada a você. Deus me disse isso esta noite". Ela estava muito empolgada enquanto falava. Eu sorri e disse calmamente: "Isso é maravilhoso. Tenho certeza de que Deus guiará seus passos".

Poucas semanas depois, fui até meu escritório, depois de chegar de uma grande cruzada. Lá estava ela. Foi admitida pelo gerente do meu escritório como sua secretária particular. Ela parecia esperta, viva e entusiasmada. Após algum tempo, ela me abordou e disse: "Ainda estou designada a você. Assim que sua secretária for embora, eu quero concorrer ao cargo".

Posteriormente, isso aconteceu, e eu a admiti. Dentro de 60 dias, ela teve uma nova revelação: o trabalho era realmente estressante. Quando cheguei de uma cruzada, ela havia se demitido repentinamente, e não a vi mais por um bom tempo. Obviamente, ela não estava verdadeiramente buscando seu desígnio.

Seu desígnio pode não parecer muito atraente no início. Estou certo de que ajudar a viúva idosa, que ficou pobre, não era bem uma aventura entusiasmante. Mas Rute sabia a quem ela havia sido designada. Nada mais importava.

Deus criou Moisés para ser libertador, para possibilitar aos israelitas a saída do cativeiro. O Senhor criou Arão para auxiliar Moisés. Criou Davi para acabar com a tirania de Saul, que estava levando Israel a um estado de total decadência. O Senhor criou Jônatas para honrar e fortalecer Davi na preparação do reinado. Ele criou José para promover o sucesso de Faraó e ajudar sua própria família a sobreviver à terrível fome.

O sucesso de quem importa realmente para você? O fracasso de quem causaria dor e angústia em você? A dor de quem você sente?

Você pode ser chamada para colocar o óleo da cura no coração ferido de uma esposa espancada. A injustiça pode enfurecer você, ou talvez Deus a tenha chamado para abrir uma instituição que acolha crianças que sofreram abuso. Seja para o que for, doe-se totalmente. Apenas quando você se ocupar com o sucesso de alguém alcançará seu próprio sucesso.

A casa de sua mãe, que já é idosa, está precisando de uma boa arrumação? Você mora apenas a uma hora de distância? Vá até lá. Invista um dia de seu tempo e de sua energia. Encoraje-a, e alivie o fardo dela.

Encontre seu desígnio. Quando você está designada a alguém, tudo o que acontece a esta pessoa interessa a você. Tudo que a machuca, machuca você. Tudo que traz alegria a ela, também traz a você.

Rute soube identificar quando seu desígnio mudou.

Poucos sabem. Alguns maridos não conseguem sair da barra da saia da mãe. Muitas esposas permanecem dependentes da mãe. Conforme Gênesis 2.24, *deixará o varão o seu pai e a sua mãe e apegar-se-á à sua mulher, e serão ambos uma carne.*

Seu desígnio pode mudar. Por um longo período, Noemi foi o desígnio de Rute. Mas quando Boaz entrou em sua vida, as coisas mudaram. Ela não abandonou Noemi, mas sua devoção à sua sogra foi um exemplo para Boaz de que a lealdade de Rute para com ele seria a mesma.

Esteja atenta para discernir quando seu desígnio mudar.

Você só terá sucesso significativo se considerar seu objetivo uma obsessão.

— Mike Murdock

6

A MULHER INESQUECÍVEL FAZ DE SEU DESÍGNIO UMA OBSESSÃO

Você só terá sucesso em algo que a consome.

Os verdadeiros conquistadores organizam sua agenda diária com base em seu desígnio, focando seus afazeres na concretização dele. A biblioteca deles está cheia de livros sobre seu desígnio. Seus melhores amigos são aqueles que celebram (em vez de tolerar) seu desígnio.

Quando você ouve o nome de Thomas Edison, pensa em invenções. Quando ouve o de Oral Roberts, pensa em cura. Quando você ouve o nome de Henry Ford, pensa em automóveis. Quando ouve o de Michael Jordan, pensa em basquete.

Você só será lembrada por sua obsessão na vida. Pode ser algo bom ou algo ruim. Seja você Billy

Graham ou Adolf Hitler, você será conhecida por uma coisa: aquilo que consome você, sua mente e seu tempo.

Rute não buscou nem mesmo realizações pessoais comuns a uma mulher viúva, como namorar alguém. Ela estruturou sua vida em prol da sobrevivência de Noemi. Nunca considerou outra opção. Ela se recusou a atentar para outras alternativas. Rute não voltaria para seus parentes. Ela não pensou em retornar para a vila onde passou sua juventude. Ao contrário, concentrou-se em seu propósito.

Você sempre será bem-sucedida em algo que tem a capacidade de exigir sua total atenção, seja seu próprio negócio, a vida espiritual de seus filhos, ou qualquer outra área de sua vida.

Josué chamou isso de não olhar para a direita nem para a esquerda (Josué 1.7). Outros chamam de determinação.

Tiago disse que *o homem de coração dobre é inconstante em todos os seus caminhos* (Tiago 1.8). A única razão pela qual as pessoas fracassam em alcançar suas metas é a perda do foco. Se você fracassar na vida, será porque algo foi apresentado a você como uma opção, uma alternativa para aquilo que Deus disse que fizesse, e você aceitou.

Observe o exemplo de Moisés. *Pela fé, Moisés, sendo já grande, recusou ser chamado filho da filha de Faraó, escolhendo, antes, ser maltratado com o povo de Deus do que por, um pouco de tempo, ter o gozo do pecado; tendo, por maiores riquezas, o vitupério de Cristo do que os tesouros do Egito; porque tinha em vista a recompensa* (Hebreus 11.24-26).

Não existe um plano B para sua vida. Existe um único plano. É o plano-mestre do Criador que a formou. Não considere nada mais como uma opção.

Foi isso que fez de Rute uma mulher inesquecível.

TODOS OS HOMENS CAEM.
OS GRANDES SE LEVANTAM.

— Mike Murdock

7

A MULHER INESQUECÍVEL ABRAÇA SEU DESÍGNIO SEM NINGUÉM PARA ENCORAJÁ-LA

Enquanto Noemi caminhava com suas duas noras, Orfa e Rute, ela lhes disse: *Ide, voltai cada uma à casa de sua mãe; e o Senhor use convosco de benevolência, como vós usastes com os falecidos e comigo. O Senhor vos dê que acheis descanso cada uma em casa de seu marido* (Rute 1.8,9).

Noemi as beijou, e elas choraram. Rute e Orfa disseram: *Certamente, voltaremos contigo ao teu povo* (v. 10). *Porém Noemi disse: Tornai, minhas filhas, por que iríeis comigo? Tenho eu ainda no meu ventre mais filhos, para que vos fossem por maridos? Tornai, filhas minhas, ide-vos embora, que já mui velha sou para ter marido; ainda quando eu dissesse: Tenho esperança, ou ainda que esta noite tivesse marido, e* ainda tivesse filhos esperá-los-íeis até que viessem a ser grandes? (v. 11-13)

Rute e Orfa ergueram sua voz e choraram novamente. Orfa foi embora. Mas Rute se apegou a Noemi. Contudo, Noemi a reprovou: *Eis que voltou tua cunhada ao seu povo e aos seus deuses; volta tu também após a tua cunhada* (v. 15).

Rute foi tenaz, ousada, focada. Seu marido e seu sogro estavam mortos. Sua cunhada voltou para a família dela. Sua sogra a instruiu a volar para casa. Não havia ninguém ao redor para encorajá-la. Ela não possuía sequer um mentor. Ela estava sozinha. Foi a única com o desejo de buscar um futuro diferente. Seu passado não tinha lembranças encorajadoras. Seu presente não tinha uma motivação que a entusiasmasse. Seu futuro seria estar só. Ela sabia disso.

> *Disse, porém, Rute* [a Noemi]: *Não me instes para que te deixe e me afaste de ti; porque, aonde quer que tu fores, irei eu e, onde quer que pousares à noite, ali pousarei eu; o teu povo é o meu povo, o teu Deus é o meu Deus. Onde quer que morreres, morrerei eu e ali serei sepultada; me faça assim o Senhor e outro tanto, se outra coisa que não seja a morte me separar de ti.*
>
> Rute 1.16,17

Rute estava disposta a motivar a si mesma quando ninguém se importava ou era capaz de fazê-lo.

A maioria de nós aprecia muito o encorajamento. É maravilhoso quando seu companheiro está presente para segurar sua mão durante os vales de incerteza. É algo precioso quando sua filha olha e diz: "Mamãe, você consegue fazer qualquer coisa!"

Seu pastor é sempre uma bênção, principalmente quando olha nos seus olhos e diz: "Orei por você a noite passada, e Deus me falou para tranquilizá-la e dizer que sua situação mudará em breve".

Mas, e se ninguém em sua vida dissesse uma palavra para encorajá-la? Você ainda persistiria no caminho que está seguindo? Você permaneceria focada? Você continuaria sendo ousada e obstinada em realizar seu sonho, quando absolutamente ninguém se importasse de verdade?

Foi isso que fez de Rute uma mulher inesquecível.

É isso que pode fazer de você uma mulher inesquecível agora mesmo.

Todo verdadeiro vencedor conhece as fases de solidão. Moisés deve ter passado por elas no deserto. Davi deve ter se sentido afastado do clima que seus irmãos vivenciavam, conquistando vitórias após vitórias no exército de Saul. Com certeza, é maravilhoso ter encorajamento das pessoas ao seu redor. Mas, se você for realmente perseguir um objetivo importante, deve aprender o segredo de motivar a si mesma, encorajar-se.

Se você continuar esperando pelas palavras de ânimo de alguém, nunca sairá de onde está.

Você pode permanecer motivada.

Você pode permanecer entusiasmada.

Você pode motivar a si mesma, quando desenvolver uma obsessão por um projeto específico.

Então, pare de reclamar que seu marido não está interessado em seus sonhos particulares.

Pare de choramingar quando seus filhos não demonstram interesse em seus objetivos pessoais.

Pare de ter crises de autopiedade. De qualquer forma, ninguém vai prestar atenção a elas.

Abrace o seu futuro. Faça isso com total desprendimento, alegria, e cheia de entusiasmo, tendo em mente que amanhã começará a melhor fase de sua vida.

8

A MULHER INESQUECÍVEL ESTÁ TOTALMENTE FOCADA NO SUCESSO DE ALGUÉM

Rute declarou total fidelidade e lealdade a Noemi.

O sucesso e o bem-estar de Noemi importavam para sua nora mais do que qualquer outra coisa. Leia Rute 1.16,17. Várias vezes ao longo desse livro você verá que ela estava obcecada em ser uma companhia, uma aprendiz devota e seguidora de sua sogra.

Minha vida mudou radicalmente há muitos anos, às 2:30 da manhã. Era o último dia do meu jejum de cinco dias. Naquele tempo, meu escritório era em minha pequena garagem em Houston, Texas. Enquanto eu orava fervorosamente para Deus tocar minha vida e multiplicar meu sucesso, Ele disse uma única frase que se tornou o meu lema: "Aquilo que você fizer acontecer aos outros, eu farei acontecer a você". Primeiro, pensei que o Espírito Santo estava apenas repetindo ao meu espírito uma frase muito comum, que eu ouvira minha vida inteira. Era uma regra de ouro de Jesus: *Portanto, tudo o que vós quereis que os homens vos façam, fazei-lho também vós, porque esta é a lei e os profetas* (Mateus 7.12). Então, eu simplesmente respondi a Deus enquanto falava com Ele em meu coração: "Sei que se eu tratar bem uma pessoa, também serei bem tratado por ela".

Novamente, o Senhor disse claramente a mim: "Aquilo que você fizer acontecer aos outros, eu farei acontecer a você". Foi aí que algo explodiu em meu espírito. Nós somos ensinados a vida inteira que, se tratarmos as pessoas gentilmente, elas serão gentis conosco. Não é bem assim. Certamente, alguém que você tratou muito bem já se virou contra você depois.

Jesus simplesmente disse para tratar os outros com o mesmo respeito e amor com que queremos ser tratados. Ele nunca prometeu que aqueles que você tratasse assim responderiam da mesma forma. O que Deus disse foi: *Servindo de boa vontade como ao Senhor e não como aos homens, sabendo que cada um receberá do Senhor todo o bem que fizer, seja servo, seja livre* (Efésios 6.7,8).

Quando você trata alguém bem, Deus coloca alguém em sua vida para tratá-la da mesma forma.

Esta é a promessa dele. Existe muita diferença? Por incrível que pareça, sim.

Quando você faz um favor às pessoas, isso sempre as intimida e as faz sentir que devem alguma coisa a você. Isso é suborno. Isso destrói a verdadeira amizade. Por quê? Porque você sempre se sentirá obrigada para com aquele a quem deve. E ainda, quando você faz um favor a alguém, fica limitada à capacidade dele de pagar isso, e também ao momento em que ele decidirá retribuir.

Quando, porém, você mostra favor a uma pessoa, Deus garante que enviará alguém no tempo dele, capacitado por Ele, para abençoá-la. Deus se torna o Senhor da colheita no lugar da pessoa que recebeu a sua boa ação.

Quando Jó orou por seus amigos, foi liberto do próprio cativeiro. *E o Senhor virou o cativeiro de Jó, quando orava pelos seus amigos; e o Senhor acrescentou a Jó outro tanto em dobro a tudo quanto dantes possuía* (Jó 42.10).

Quando Abraão permitiu que Ló escolhesse primeiro as terras onde viveria, *disse o Senhor a Abrão, depois que Ló se apartou dele: Levanta, agora, os teus olhos e olha desde o lugar onde estás, para a banda do norte, e do sul, e do oriente, e do ocidente; porque toda esta terra que vês te hei de dar a ti e à tua semente, para sempre. E farei a tua semente como o pó da terra;*

de maneira que, se alguém puder contar o pó da terra, também a tua semente será contada. Levanta-te, percorre essa terra, no seu comprimento e na sua largura; porque a ti a darei (Gênesis 13.14-17).

Quando Abraão se concentrou no sucesso de seu sobrinho Ló, Deus se envolveu no sucesso de Abraão.

José se ocupou do sucesso de Potifar, e Deus abençoou José. Este interpretou o sonho do copeiro, e experimentou uma grandiosa promoção 24 meses depois.

Qualquer desígnio de Deus beneficiará alguém além de você mesma. É importante que você esteja totalmente voltada para ajudar alguém a alcançar seus sonhos e objetivos. Isso é vital. É absolutamente necessário. Alguém deverá ter sucesso por causa de sua vida. Quem será?

Rute foi inesquecível porque descobriu esse segredo e praticou-o.

9

A MULHER INESQUECÍVEL RECONHECE A GRANDEZA QUANDO ELA A ALCANÇA

Rute era nora de Noemi. Ela observou de perto a idosa e experiente mãe israelita por muitos anos. Rute foi casada com o filho de Noemi, e atentou para o profundo conhecimento de sua sogra a respeito da vida e dos homens. Rute viu grandeza numa mulher muito mais velha que ela.

Sempre observamos a falta de maturidade de alguns jovens. Já vi um adolescente escarnecendo de seus pais, como se eles não soubessem nada sobre a vida. O garoto não tinha a mínima condição de ganhar dinheiro para comprar sua própria comida, sequer seu carro ou sua casa. Mas na loucura de sua juventude, ele nunca discerniu o talento notável de sua mãe e de seu pai. (Claro, lembro-me de ter vivido a mesma fase ignorante em minha juventude, e isso me dá paciência com os jovens!). Infelizmente, alguns nunca crescem. Muitos nunca aprendem que a grandeza nem sempre é facilmente discernida.

Algumas das pessoas mais notáveis no mundo podem ser *seus próprios familiares, e você nunca percebeu isso.*

Olhe para José. Ele tinha sonhos. Conseguia interpretá-los e sabia o valor deles. José via grandeza em discernir o futuro. Ele era articulado em sua descrição. Tinha integridade, honestidade e abertura para compartilhar isso com seus irmãos, ainda que estes nunca tivessem percebido que o futuro deles dependia do irmão caçula.

José foi a chave mestra da futura sobrevivência deles. José foi a única razão por que eles tiveram um futuro. José seria o provedor de seu pai durante a velhice. Sua sabedoria seria procurada por Faraó. José traçaria um plano para alimentar milhões de pessoas. No entanto, seus próprios irmãos nunca entenderam isso.

Comece a reconhecer a grandeza em sua família. Cada membro tem algo de extraordinário. O que será? Quais os dons e as habilidades que possuem? Que traços e características valem a pena observar? Os outros já discerniram algo que você ainda não discerniu?

Observe seus colegas de trabalho. Alguém percebeu algo que você nunca percebeu. Eles possuem informações que você desconhece. O que será?

Olhe duas vezes para os pastores que cruzaram sua vida. O que eles realizaram? Que batalhas venceram? Quais barreiras transpuseram? Em quais montanhas fizeram túneis? Eles sobreviveram. Como? Interrogue-os. Entreviste-os. Extraia informações da vida deles.

Que dificuldades financeiras eles experimentaram e superaram? Que falsas acusações sofreram e, no entanto, resistiram? Quais armadilhas eles evitaram milagrosamente?

Cada mentor derrota um inimigo diferente.

Cada mentor usa um armamento diferente.

Cada mentor tem um foco diferente.

Considere a grandeza sempre que você a encontrar.

Certa noite, na hora do jantar, um amigo meu pagou uma refeição para um homem que estava no restaurante. Ele fez isso silenciosamente e depois explicou para mim: "Ele foi tremendo na área do esporte. Superou grandes recordes. Ele é um homem bem famoso no baseball. Sempre honro a grandeza em qualquer área, de qualquer forma que eu puder".

Ele mencionou que sempre escreverá uma mensagem de gratidão a alguém que conquistar algo significativo, mesmo que eles jamais se conheçam. Esse é o jeito dele de reconhecer a grandeza das pessoas.

Veja o rei Saul. Ele era um homem tolo em vários aspectos, mas teve sensibilidade suficiente para reconhecer que a grandeza estava no jovem pastor, Davi. Saul sabia que havia sido mais do que um milagre um estilingue derrubar Golias. Saul percebeu rapidamente que mãos sobrenaturais estavam sobre os ombros do jovem Davi. Saul viu o poder da música de Davi. Não demorou a descobrir que os espíritos imundos não suportavam quando Davi tocava a harpa. Até mesmo o rei Saul buscou a grandeza quando se sentia inferior a tudo que o cercava.

Eliseu reconheceu a grandeza quando esteve em sua presença. Por isso, pediu a Elias para ficar ao lado dele, para que pudesse colher os benefícios daquela unção poderosa.

Josué reconheceu a grandeza quando esteve em sua presença. Por isso, chamou Moisés de servo do Senhor e seguiu as instruções dele, mesmo quando eram contrárias ao seu próprio coração.

Abigail foi outra mulher especial. Quando seu tolo marido, Nabal, recusou-se a reconhecer a grandeza do futuro rei de Israel, Davi, ela caminhou mais uma milha, procurou Davi e providenciou comida para ele e para seus soldados.

Tenha o hábito de respeitar grandes homens e mulheres. A grandeza é sempre camuflada. Poucos a discernem. Está sempre encoberta pelas roupas esfarrapadas da humanidade, das peculiaridades da personalidade e de opiniões opostas.

Quando Rute conheceu Noemi, ela estava bem ciente de que aquela mulher de Deus amargurada, ferida e solitária possuía uma força invisível. Esse foi o ímã que ajudou Rute a cortar os laços com sua família pagã.

Jesus estava cercado de muitas pessoas que nunca reconheceram que Ele realmente curava. Mas aqueles que creram receberam muitos milagres.

Um dos maiores evangelistas que já conheci me disse algo interessante. Ele me contou como lidava com jovens ministros que haviam acabado de iniciar seu ministério. Durante duas horas de almoço ou de tempo juntos, ele conversava sobre qualquer outro assunto que não fosse a unção de cura que fluía em seu ministério e como fazer para que isso acontecesse no ministério e na vida deles.

Se existe um clamor que deve surgir em nosso coração nos dias de hoje, deve ser o clamor a Deus para nos dar a capacidade de reconhecer a grandeza das pessoas quando estamos diante delas. Peça a Deus que a perdoe por fechar os olhos para aqueles que pagaram um alto preço pela consagração de sua vida. Que triste é conviver, estar perto, sentar-se à mesa com essas pessoas e nunca usufruir da água viva que Deus colocou tão generosamente na mente e no coração delas.

Algumas das maiores pessoas que existem nem sempre são reconhecidas como seres humanos notáveis.

Paulo dizia que, quando estava com as pessoas, ele era fraco. Ele sabia que sua presença não era impactante (talvez por isso tenha escrito tantas cartas). Ele era muito afiado, persuasivo e capaz. Contudo, as barras de ouro de Deus nem sempre vêm embrulhadas em seda e cetim. Geralmente são envoltas em juta ou pano de saco, em embalagens simples. Os mentores nem sempre são persuasivos e dinâmicos.

Separe um tempo para perceber que os outros veem coisas que você nunca viu. Eles sabem coisas que você nunca descobriu. Eles sentem o que você nunca sentiu.

Aprenda a discernir a grandeza, e você também se tornará inesquecível.

10

A MULHER INESQUECÍVEL ESTÁ DISPOSTA A PAGAR QUALQUER PREÇO PARA PERMANECER NA PRESENÇA DE UMA PESSOA EXTRAORDINÁRIA

Há muitos anos, uma senhorita que trabalhava para mim informou-me de que um querido amigo meu viria à cidade numa determinada terça-feira. Ele tinha telefonado para marcar um almoço comigo.

"Ótimo!", afirmei entusiasmado.

"Ah, mas não será possível", ela explicou. "Eu disse que o senhor não poderá almoçar nessa data porque seu voo sairá no mesmo horário".

"Simplesmente mude o voo para duas ou três horas mais tarde".

"Mas custaria 500 dólares a mais para fazer qualquer mudança em seu bilhete", ela respondeu.

"Faça as alterações assim mesmo", orientei pacientemente. "Entendo que 500 dólares é muito dinheiro, mas é um preço muito pequeno a pagar para almoçar com esse meu amigo. Ele é certamente o homem mais sábio que conheço em certos assuntos. Quando ele fala comigo, a criatividade transborda em mim como as Cataratas do Niágara. Minhas melhores ideias sempre surgem quando estou na presença dele. Ele me ensina o que ninguém mais ensina. Nenhum ser humano jamais falou para mim as coisas que ele fala. Então, faça as alterações necessárias que eu providencio os 500 dólares, porque sempre posso substituir o dinheiro, mas não posso substituir a sabedoria que vem da vida desse homem".

Ainda não sei ao certo se ela me entendeu, mas de uma coisa tenho certeza: devemos buscar pessoas excepcionais e extraordinárias.

Por isso, a mulher com fluxo de sangue estava disposta a enfrentar a multidão para tocar na orla das vestes de Jesus. Ela estava disposta a pagar qualquer preço para estar na presença de alguém que era mais poderoso que ela.

Eliseu perseguiu Elias. Ele queria porção dobrada do manto de milagres que estava sobre o profeta. Ele sabia que isso não podia ser encontrado nas coisas rotineiras e comuns. Coisas sobrenaturais não acontecem simplesmente.

Estou convencido de que pessoas extraordinárias estão além do nosso alcance. Elas não são acessíveis. Assemelham-se ao ouro dentro do cofre do banco, aos diamantes enterrados. São pessoas que conhecem os segredos da vida.

Eu estava pregando em uma grande igreja em Phoenix, Arizona, quando uma senhora me abordou. Enquanto ela falava de seu problema, eu simplesmente recomendei a ela um livro que estava sobre minha mesa e que continha a resposta.

"Ah, eu nunca paguei tanto por um livro!", ela exclamou.

"Você já pagou tanto assim por uma refeição?", perguntei.

"Ah, sim, claro!", ela respondeu.

"Em outras palavras, você está me dizendo que seu estômago é mais importante que sua mente?", retruquei.

Isso é bem enigmático e fascinante para mim. Nós pagamos 20 mil dólares por um automóvel que nunca fala conosco, não nos dá qualquer informação, nem transforma nossa vida radicalmente. No entanto, paramos e argumentamos com o gerente da livraria por causa de um livro de 100 reais que contém 20 anos de pesquisa.

Uma vez comprei um livro de 84 dólares. Um único livro por 84 dólares. O jovem que estava comigo ficou chocado.

"Não posso acreditar que você pagou 84 dólares num único livro!", ele disse abismado.

"Na verdade não paguei 84 dólares por um livro", respondi. "Esse autor levou 20 anos de pesquisa constante para descobrir verdades que vou conhecer em duas horas. Seria uma tolice recusar pagar 84 dólares a ele por trabalhar para encontrar as respostas que quero. Na verdade, é impossível encontrar alguém que trabalharia 20 anos para você por apenas 84 dólares".

Os autores são seus assistentes de pesquisa.

Investi muitas horas de pesquisa, debruçado sobre pilhas de material, avançando noite adentro, para colocar em um único livro os maiores segredos da terra. Depois, vi maridos e esposas argumentando entre eles se deveriam ou não pagar 10 dólares por aquela pesquisa.

Os ignorantes são sempre muito óbvios. Deve ser difícil discernir o inteligente, mas nunca é difícil reconhecer o ignorante.

Li uma história interessante, há poucos dias, em uma dessas revistas famosas. Um jovem empresário queria desesperadamente conhecer um homem famoso. Ele queria um mentor, queria conselhos, e tentava de todas as formas contatar o tal homem. Parecia totalmente impossível encontrá-lo. Ele escrevia cartas. Telefonava. Nada conseguia quebrar o muro que separava os dois. Finalmente ele descobriu o restaurante onde o homem adorava comer e esperou lá por horas. O contato foi feito. O relacionamento nasceu. Mas custou a ele tempo e esforço.

Rute não era uma mulher comum.

Ela não recebeu uma palavra sequer de encorajamento de sua cunhada, Orfa.

Ela não recebeu encorajamento de sua parentela, a qual estava deixando.

Ela não recebeu encorajamento do seu marido, porque ele estava morto.

Ela não recebeu encorajamento de Noemi, a mentora que ela estava buscando.

De fato, não há uma única frase na Bíblia indicando que Rute tenha recebido qualquer encorajamento para fazer as mudanças que fez. Mas ela honrou o que seu coração discerniu. Ela celebrou a grandeza de alguém. Sabia que a chave para mudar de vida estava em permanecer na presença de Noemi.

Pessoas inesquecíveis investem mais energia em suas buscas.

Talvez precise de vinte telefonemas, em vez de um. De dez cartas, em vez de duas. De quatro horas extras de trabalho, em vez de dez minutos. Um salário mais baixo por um ano, em vez de um salário mais alto.

Cada etiqueta de preço é diferente, mas você pode acreditar que qualquer coisa de valor tem um preço.

Por que vale a pena buscar a presença de uma

pessoa extraordinária? Porque a vida dela contagiará você; a expectativa dela estimulará você; a impaciência dela apressará você; o foco dela fará você se lembrar do seu objetivo. Até mesmo a fraqueza dela a encorajará (quando observar as falhas dela em meio à produtividade, isso também a fará ver que, mesmo sendo falha, você pode alcançar grandes realizações). A criatividade dela despertará novas ideias em você. O fracasso dela iluminará você.

O que há de melhor em você vai aflorar na presença de pessoas extraordinárias.

Quando revejo minha própria vida, relembro com grande e profunda gratidão os momentos que me expus aos notáveis campeões de minha geração. O foco deles era quase inacreditável. A indisposição deles para se ocuparem com leviandades me intrigava. Ficou óbvio para mim que eles só davam atenção às coisas que valiam a pena. Eles separaram sua vida de tudo que não fosse relacionado aos seus desígnios e chamados. *Eles experimentaram o fracasso, porém não temeram isso.*

Alguns anos atrás, li que a esposa de um evangelista mundialmente famoso foi questionada: "Como se sente com seu marido fazendo viagens longas e ficando distante de você e dos filhos? Qual sua opinião por ele ficar em casa apenas poucos dias do ano?" Ela respondeu com profunda sabedoria: "Prefiro ter apenas uma porção de um grande homem a ter um homem inteiro que seja comum".

Qualquer mulher que busque a grandeza deve ser valorizada.

Minha mãe, com seus hábitos, deixou belos exemplos em minha memória. Éramos pobres, mas ela nunca parou de ler e colecionar livros para nós. Eu ainda não tenho livros suficientes em minha biblioteca. Ela nutriu minha sede por informação e conhecimento. Ela sabia que um único segredo de sucesso em um livro valia o preço do livro inteiro.

Valorize qualquer mulher cuja estante de livros é tão cheia quanto seu guarda-roupa. Valorize a mulher que assiste a seminários, que gasta tempo em livrarias e que prefere ter um livro a ir à manicure (não há nada de errado em investir na aparência, mas a grandeza no conhecimento também exige investimento).

Uma mulher inesquecível leva tempo para investir no acúmulo de conhecimento e sabedoria.

Nem todas as pessoas extraordinárias são necessariamente agradáveis. Alguns gênios, que possuem dons raros, às vezes são detestáveis, amargos e cínicos. O aprendiz inesquecível é aquele que se recusa a desviar-se de sua busca e insiste em extrair de uma pessoa extraordinária o que há de mais precioso nela.

É isso que também fará de você alguém inesquecível.

ACESSO É PRIMEIRO UM DOM, DEPOIS UM TESTE, E FINALMENTE UMA RECOMPENSA.

— Mike Murdock

11

A MULHER INESQUECÍVEL TOMA DECISÕES SÁBIAS

Rute se casou com um homem [Quiliom] cuja mãe era uma verdadeira mulher de Deus.

Rute foi leal à pessoa certa, que tinha uma vida agradável ao Senhor.

Rute trabalhou nas terras certas, onde grandes homens poderiam observá-la e avaliar sua produtividade.

Uma das maiores decisões que você tomará em sua vida é o casamento. Quando você casar com alguém, permanecerá ligada para sempre às qualidades e aos defeitos de seu cônjuge. Considere bem as pessoas que serviram de exemplo para ele. O que o pai e a mãe ensinaram a ele? Que princípios foram impressos em sua consciência?

Rute se casou com o filho de uma serva do Senhor. Então, ela estava ligada para sempre à sabedoria espiritual, uma fonte que supriria seu oásis em meio aos desertos emocionais.

Quando você namorar alguém, faça perguntas importantes a si mesma. Perguntas sinceras; perguntas reveladoras. Quem é o oásis espiritual nos momentos de vazio dessa pessoa? A quem ele recorre quando há uma grande tentação em sua vida? Quem o aconselha quando ocorre uma crise? Seus mentores revelam muito sobre seu futuro.

Rute tomou decisões sábias quando optou por ser leal a Noemi. Não basta ser leal a alguém. Lealdade desfocada é uma constante tragédia. O que é lealdade desfocada? É quando você é leal a alguém que não é verdadeiro, sincero e de Deus. Rute foi leal, e isso é admirável. Mas ela foi leal a uma mulher com caráter, integridade e grande sabedoria. Foi isso que a tornou inesquecível.

Analise minuciosamente cada pessoa em sua vida.

Lealdade desfocada é algo trágico, infeliz e produz resultados devastadores. Muitos do crime organizado são leais uns aos outros. Eles encobrem e perdoam muitos atos criminosos.

Lealdade desfocada justifica ações erradas daqueles que amamos. Nós cobrimo-los. Nós mentimos por eles. Nós os defendemos quando estão errados.

Nunca tenha vínculos com pessoas rebeldes.

Como está escrito em Efésios 5.11, *não comuniqueis com as obras infrutuosas das trevas, mas, antes, condenai-as*. Não tenha amizade com o homem violento. Não tenha parte com alguém que está contra uma autoridade. Quando você se relaciona com um rebelde, você é automaticamente ligada aos desastres que ele cometer.

Veja os israelitas. Aqueles que ficaram ao lado de Acã foram apedrejados, e os que ficaram ao lado de Corá foram destruídos.

Rute foi sábia o bastante para focar sua lealdade e ter compromisso com alguém que tinha caráter – Noemi.

Rute trabalhou entre aqueles que honravam a grandeza do ser humano.

Acredito que o meio influencia seu sucesso pessoal. O local onde você concretiza seu desígnio é vital para que seja bem-sucedida. É possível investir toda a sua vida e doar-se por alguém que não reconhece a grandeza, a fidelidade e a lealdade.

José trabalhou para um ímpio, Potifar. Mas Potifar reconheceu a grandeza quando a viu, e promoveu-a. Faraó não era um exemplo de alguém que conhecia Deus, mas ele reconheceu grandeza e dons extraordinários quando os viu. Por isso, recompensou José.

Se você trabalha há 20 anos na mesma empresa e nunca viu mudanças significativas, reflita sobre isso. A maioria das empresas bem-sucedidas reconhece e valoriza o funcionário que dá o melhor de si. Nas empresas que nunca crescem, falta essa qualidade. Recuse-se a trabalhar para um chefe que não reconhece os dons de Deus em você; tome uma decisão sábia.

Você deve ter sabedoria para fazer mudanças.

12

A MULHER INESQUECÍVEL TOMA DECISÕES QUE SEMPRE MOVEM SUA VIDA NA DIREÇÃO CORRETA

Quando Rute se casou com seu marido, ela ingressou numa família de Deus. Tenho certeza de que seu casamento teve altos e baixos. Houve momentos de grande ira e discussão, os quais acontecem em muitos casamentos. Sem dúvida, houve noites de angústia e lágrimas. Mas, sua decisão foi tomada com base nos preceitos de uma família de Deus, justa e espiritualmente consciente.

Este é o critério utilizado por quem toma decisões acertadas. É assim que se avalia sua capacidade de tomar decisões sábias: *isto levará minha vida para a direção certa?*

Certa vez, uma jovem me disse: "Terminei com meu namorado". "Por quê?", perguntei. "Ele se recusa a servir ao Senhor de todo coração". "Como se sente com esta decisão?", questionei. "Bem, às vezes me sinto muito sozinha. Não há nenhum rapaz na minha igreja que me interesse", ela respondeu. "Mas de alguma forma sei que o Espírito Santo ficou feliz com esta decisão. Em algum momento Deus me recompensará por isso. *Pelo menos sei que minha vida está seguindo a direção certa*".

Existe uma sabedoria valiosíssima nesse tipo de atitude, acredite em mim.

Conversei com um rapaz que era um grande músico num clube noturno em Las Vegas. Ele decidiu deixar a banda. Embora fosse algo que tivesse feito toda a sua vida, ele disse: "Tenho que dar um *rumo certo* à minha vida. Enquanto fico entretendo os outros num ambiente de alcoolismo, embriaguez e luxúria, Deus não pode prosperar minha vida".

Ele estava aprendendo o segredo de tomar decisões que *movem a vida na direção certa.*

Deixe-me ilustrar: suponha que você veja um lindo carro que a deixe empolgada. Você não tem dinheiro para comprá-lo. Seu carro atual tem quatro anos. Você teria de pegar um empréstimo no valor total, mas carrega no coração os ensinamentos em Deuteronômio 28.12: *O SENHOR te abrirá o seu bom tesouro, o céu, para dar chuva à tua terra no seu tempo e para abençoar toda a obra das tuas mãos; e emprestarás a muitas gentes, porém tu não tomarás emprestado.* Sendo assim, recuse-se a pegar dinheiro emprestado. Insista em dirigir o mesmo carro por mais um ano — *até* que o Senhor providencie a quantia total do novo carro.

Alguns a chamariam de louca. Alguns pensariam que você está sensível demais e interpretando mal as Escrituras. De fato, alguns mostrariam no papel como você poderia ter tudo o que quer — desde que se endividasse e, com isso, prejudicasse toda a sua família. Isso porque *o rico domina sobre os pobres, e o que toma emprestado é servo do que empresta* (Provérbios 22.7).

Mas quando você recusa o empréstimo, está dando *um rumo certo à sua vida,* ficando livre da dívida.

Suponha que você tenha sido chamada para exercer um ministério. Talvez já tenha uma bolsa para uma faculdade secular ou alguém tenha se oferecido para pagar seus estudos em uma grande universidade. Mas, em seu coração, você sabe que está destinada a submeter-se a mentores para aprender leis espirituais, em vez de conhecimentos terrenos. Então, você muda de cidade para cursar um seminário, estuda quatro horas por dia e *trabalha mais oito horas, para se manter na faculdade de teologia.* Por que isso é sábio? Porque você está tomando decisões que movem sua vida na direção certa.

Você está acima do peso? Certamente tem amigos que dizem: "Eu a amo exatamente como você é.

Na verdade, nem consigo imaginar você magra!"
Contudo, existe algo no fundo do seu coração que
clama por uma boa saúde e por andar em excelência
em todas as áreas da sua vida. Então, você começa
a assistir a palestras sobre perda de peso e como
manter a forma física. Você inicia uma caminhada
de dez minutos toda manhã, para o seu corpo ir
acostumando-se com o movimento. Você é sábia.
Por quê? Porque *está tomando decisões que movem
sua vida na direção certa.*

*Fazendo isso, você pode tornar-se inesquecível para
todos que a conhecerem.*

13

A MULHER INESQUECÍVEL
É PERSISTENTE

Quando Noemi insistiu que Rute voltasse para junto dos seus familiares, como fez Orfa, Rute resistiu. Ela possuía um *objetivo*. Ela possuía um *projeto* para o futuro. Ela sabia exatamente o que queria. *Ela persistiu.*

O que é persistência? É prosseguir de forma obstinada apesar das dificuldades. É continuar, apesar da oposição.

Como você produz persistência? Creio que ela é uma qualidade gerada dentro de você, quando *você se torna faminta pela concretização de algo desejado.* Sua maior preocupação não é *como* conseguir, nem *quantos* amigos compartilham desse desejo. Na verdade, *a persistência é produzida por uma obsessão pela conquista do que se almeja.*

Jesus falou sobre isso: *E odiados de todos sereis por causa do meu nome; mas aquele que perseverar até ao fim será salvo* (Mateus 10.22). E completou: *Ninguém que lança mão do arado e olha para trás é apto para o Reino de Deus* (Lucas 9.62).

Você se lembra de Jó? Tiago escreveu: *Eis que temos por bem-aventurados os que sofreram. Ouvistes qual foi a paciência de Jó e vistes o fim que o Senhor lhe deu; porque o Senhor é muito misericordioso e piedoso* (Tiago 5.11). O que isso significa? Aqueles que são persistentes já experimentaram no fundo de seu coração o milagre e o resultado desejado.

Todo mundo gostaria de ser persistente na busca de seus sonhos e objetivos, mas a maioria não consegue. Por quê? Porque simplesmente ainda não possui uma imagem consistente e aprofundada do futuro que deseja. Existem dúvidas. Falta às pessoas um foco. Elas ainda não estão totalmente voltadas para isso. Sua *mente* está *dividida*. Seu *coração* está *dividido*. Seus *foco* está *dividido*. Elas ainda não se entregaram aos seus objetivos, ainda não abandonaram completamente sua situação atual. *Elas estão divididas entre dois mundos.*

Davi clamou: *Preparado está o meu coração, ó Deus, preparado está o meu coração; cantarei e salmodiarei* (Salmo 57.7).

Paulo insistiu: *Irmãos, quanto a mim, não julgo que o haja alcançado; mas uma coisa faço, e é que, esquecendo-me das coisas que atrás ficam e avançando para as que estão diante de mim* (Filipenses 3.13).

Josué foi instruído por Deus:

Tão-somente esforça-te e tem mui bom ânimo para teres o cuidado de fazer conforme toda a lei que meu servo Moisés te ordenou; dela não te desvies, nem para a direita nem para a esquerda, para que prudentemente te conduzas por onde quer que andares. Não se aparte da tua boca o livro desta Lei; antes, medita nele dia e noite, para que tenhas cuidado de fazer conforme tudo quanto nele está escrito; porque, então, farás prosperar o teu caminho e, então, prudentemente te conduzirás.

Josué 1.7,8

Elias questionou: *Até quando coxeareis entre dois pensamentos? Se o SENHOR é Deus, segui-o; e, se Baal, segui-o. Porém o povo lhe não respondeu nada* (1 Reis 18.21).

Josué disse: *Porém, se vos parece mal aos vossos olhos servir ao SENHOR, escolhei hoje a quem sirvais: se os deuses a quem serviram vossos pais, que estavam dalém do rio, ou os deuses dos amorreus, em cuja terra habitais; porém eu e a minha casa serviremos ao SENHOR* (Josué 24.15).

Paulo disse: *Corríeis bem; quem vos impediu, para que não obedeçais à verdade?* (Gálatas 5.7).

A persistência exige foco total.

O foco exige impiedade com as distrações em sua vida.

Certifique-se de que aquilo que você está buscando é verdadeiramente um propósito do Senhor.

Tenha mentores de qualidade supervisionando sua vida e confirmando aquelas coisas que Deus falou ao seu coração.

Seja santa e pura diante de Deus, para que seu coração permaneça reto na presença dele.

Dependa totalmente do Espírito Santo. Ele dará a você a persistência de que precisa.

14

A MULHER INESQUECÍVEL RESPEITA A ORIENTAÇÃO DE UMA MULHER MAIS VELHA E MAIS EXPERIENTE

Rute não tinha se casado de novo quando decidiu seguir Noemi de volta a Belém. Rute trabalhava duro. Um dia, Noemi comentou que era o momento de sua nora se casar de novo. Ela a aconselhou a ir ao campo onde Boaz trabalhava todas as noites. Noemi conhecia os hábitos de homens extraordinários.

Grandes homens possuem grandes hábitos.

Noemi aconselhou Rute a evitar discussões enquanto ele ceava ou até mesmo trabalhava. Ela instruiu sua nora de que haveria um momento oportuno em que Boaz ia reparar nela e estabelecer uma conversa, um relacionamento. Rute ouviu, seguiu as instruções dela, e a história registra os benefícios que recebeu por ter aprendido os ensinamentos de sua sogra.

Rute era uma mulher *disposta a aprender*. Boaz a ensinou a conduzir seu trabalho, juntar alimento para os campos sozinha e não ir mais para outros campos. Noemi deu as mesmas instruções. Rute as seguiu.

Ouvir um bom conselho *não* é a chave do sucesso; *aplicá-lo* é.

Um dos meus amigos pastores teve um enorme sucesso em seu ministério. Um dia ele compartilhou comigo uma importante dica a respeito de aconselhamento. "Mike, eu me recuso a aconselhar pessoalmente qualquer um, até que essa pessoa assista aos cultos que ministro durante um período de seis semanas. Se as perguntas e os problemas dela não forem resolvidos com meus ensinamentos num período de seis semanas, agendo uma sessão de aconselhamento pessoal com ela. Nesta sessão, dou instruções específicas a serem seguidas. Se ela não as seguir, eu me recuso a dar um segundo aconselhamento. É perda de tempo para mim e para ela se tal pessoa recusar a implementar a sabedoria que eu passar".

Você pode prever o sucesso de uma pessoa pela capacidade dela de seguir instruções.

Tenho orado para que Deus faça brotar nos corações o respeito verdadeiro pelos idosos. Atualmente, algumas mulheres mais velhas têm mais intuição e sabedoria do que as jovens terão nos próximos vinte anos.

Eliseu sentou-se aos pés de Elias. Timóteo sentou-se aos pés de Paulo. Ester ouviu Mordecai, e o eunuco que a aconselhou. Josué sentou-se aos pés de Moisés.

Seu mentor prevê problemas que você não consegue ver, mas que estão chegando.

Você está planejando entrar no ramo imobiliário? Procure o corretor de imóveis mais bem-sucedido da região e estabeleça uma amizade. Torne-se aprendiz.

Você espera ter um ministério próspero? Procure um homem ou uma mulher de Deus para servir. Carregue a pasta deles. Engraxe seus sapatos. Cuide de seus filhos. Limpe sua casa. Lave seu carro. *Faça o que for necessário para ter acesso à unção que eles têm* [aprender a usar os dons de Deus com sabedoria e excelência]; *entre na atmosfera deles.* Seja o que for que está crescendo neles, começará a crescer em você.

Rute aplicou o bom conselho quando ela o ouviu. Isso a tornou *inesquecível.*

O QUE VOCÊ FAZ ACONTECER AOS OUTROS,
DEUS FARÁ ACONTECER A VOCÊ.

— Mike Murdock

15

A MULHER INESQUECÍVEL TRATA SUA SOGRA MELHOR DO QUE SETE FILHOS HOMENS TRATARIAM A MÃE

As mulheres da cidade disseram a Noemi: *Tua nora, que te ama [...] te é melhor do que sete filhos* (Rute 4.15).

Essa é uma mulher rara, que trata outras mulheres gentilmente.

Às vezes é bem interessante observar uma senhorita se aproximar de um casal. É triste ver algumas mulheres respondendo de forma lisonjeira ao homem e praticamente ignorando a esposa deste. Mas, isso acontece todos os dias.

Rute estabeleceu uma excelente reputação por cuidar bem de sua sogra, e exatamente por isso Boaz deu atenção a ela e favoreceu-a. *E respondeu Boaz e disse-lhe: Bem se me contou quanto fizeste à tua sogra, depois da morte de teu marido* (Rute 2.11).

Isso explica o favor. Isso explica a boa sorte. Isso explica os milagres. *Isso explica porque acontecem coisas boas às pessoas.*

Em Provérbios 31.26, é descrita uma *mulher inesquecível: e a lei da beneficência está na sua língua.*

Quando você vê alguém maltratar uma pessoa, conclui imediatamente que, no devido tempo, receberá o mesmo tratamento. *Nunca confie em alguém que maltrata as pessoas.* O que ele faz aos outros, eventualmente fará a você.

Alguns anos atrás, namorei uma senhorita que falava duramente com sua mãe. O Espírito Santo me revelou de maneira clara que sua reação à autoridade indicava problemas enraizados nela, que emergiriam mais tarde em qualquer casamento. Alguns dias depois, eu a ouvi mentir para a mãe ao telefone. Reconheci instantaneamente que era apenas uma questão de tempo até que ela mentisse para mim também. O relacionamento terminou. Até onde sei, ela continuou com esses problemas por muitos anos.

Rute foi extraordinária. Inesquecível. Ela sabia que *a forma como ela tratava as pessoas determinaria como Deus ia tratá-la.*

Eu fiz de Efésios 6.8 um lema pessoal: aquilo que você faz acontecer aos outros, Deus fará acontecer a você.

Certo dia, enquanto lágrimas de alegria e admiração enchiam meus olhos, eu olhava para a minha casa e para as coisas que Deus me tinha dado e perguntava: "Por que tem sido tão bom pra mim?" Instantaneamente, o Espírito Santo respondeu ao meu coração: "Porque você tem *honrado* sua mãe e seu pai".

Acredito verdadeiramente que *o seu jeito de tratar os seus pais afeta toda a sua vida. Honra a teu pai e a tua mãe, que é o primeiro mandamento com promessa, para que te vá bem, e vivas muito tempo sobre a terra* (Efésios 6.2,3).

Essa atitude é cada vez mais rara nos americanos. Passei muito tempo na África Oriental e percebi com grande alegria como as crianças respeitam de um jeito maravilhoso os mais velhos. Elas os reverenciam. Elas os ouvem. Elas inclusive permitem que eles comam primeiro.

Eu estava numa pequena vila alguns anos atrás onde as crianças sentavam do lado de fora da cabana esperando eu terminar de comer com o chefe da tribo e suas esposas. As crianças não ousavam entrar ou interromper.

Nós precisamos voltar a respeitar aqueles que ditam as regras e que são autoridade sobre nós. Isso provocaria uma verdadeira chuva de bênçãos, além do que jamais imaginamos.

Rute respeitou a autoridade. Isso a tornou *inesquecível.*

ALGUÉM QUE É CAPAZ DE ABENÇOAR ESTÁ
SEMPRE OBSERVANDO VOCÊ.

— Mike Murdock

16

A MULHER INESQUECÍVEL É HONESTA E SINCERA SOBRE SUAS NECESSIDADES

———◆━●━◆———

Rute era uma viúva. Ela estava cuidando de sua sogra, Noemi, que também era viúva. Rute era estrangeira. Não tinha ninguém que a sustentasse. Não tinha filhos que a ajudassem. Não tinha pais com quem pudesse contar. Ela estava pobre e falida. No entanto, tinha integridade, honestidade e uma franqueza e sinceridade notáveis a respeito de suas necessidades. Ela se aproximou dos servos e disse: *Deixa-me colher espigas e ajuntá-las entre as gavelas após os segadores* (Rute 2.7).

Ela pediu permissão para ficar com os restos.

Deus instruiu aqueles que eram bem-aventurados de Israel:

Quando também segardes a sega da vossa terra, o canto do teu campo não segarás totalmente, nem as espigas caídas colherás da tua sega. Semelhantemente não rabiscarás a tua vinha, nem colherás os bagos caídos da tua vinha; deixá-los-ás ao pobre e ao estrangeiro. Eu sou o SENHOR, vosso Deus.

Levítico 19.9,10

Rute era tanto pobre quanto estrangeira. *Ela não tentava esconder isso. Ela não tentava agir como alguém que não era.* Ela era sincera sobre suas necessidades.

Algumas pessoas estão falindo nos dias de hoje ao tentar parecer ricas.

Algumas até compram anéis de diamantes falsos para fazer os outros pensarem que são realmente prósperas.

A dignidade é admirável. A elegância é desejável. Contudo, existe algo muito precioso em ser humilde o suficiente para tornar-se vulnerável aos outros. Rute agiu assim.

Sei que existem exceções. Deixe-me ser muito franco com você. Percebo que às vezes nos deparamos com pedintes *profissionais*, aqueles que querem receber algo e sempre acham que o mundo deve alguma coisa a eles. Confesso que é desgastante ver as mesmas pessoas que permanecem com problemas semana após semana, por longos anos. Elas não resolvem problemas para os outros; consequentemente, nunca podem ter dinheiro. Elas se recusam a procurar emprego, já que descobriram que pedir é mais fácil.

No entanto, algumas pessoas muito preciosas *se recusam a dividir a dor por que estão passando*. Como resultado, nenhum de nós é capaz de alcançar o problema delas e participar de sua recuperação.

É por isso que por muitos anos venho tentando conseguir pastores para estabelecer o que chamo de *Grupo Semente de Fé* em suas igrejas locais.

Suponhamos que entre os membros da igreja haja um encanador, um corretor de imóveis, um mecânico, um pedreiro e um advogado. Quando o carro de uma das *viúvas* da igreja quebrar, ela poderá ligar para o *Grupo Semente de Fé* da sua igreja. O mecânico desse grupo irá com alegria consertar o automóvel dela, e isso será uma semente, apenas para abençoá-la. Quando tiver vazamento no telhado, ela poderá ligar para o *Grupo Semente de Fé* da igreja. O pedreiro, membro do grupo, irá consertar o telhado em seu tempo livre como um presente para ela, uma semente para o Senhor.

Duas coisas são necessárias aqui: 1) você precisa ser honesta sobre suas necessidades com aqueles que são suas autoridades; e 2) você precisa olhar para aqueles que estão com problemas, frustrados e abatidos pelas perdas.

- *Alguém com problemas é sempre uma porta de saída para seus problemas.*
- *Sua vulnerabilidade sempre a liga a um vencedor.*
- *A escassez é sempre sua ligação a um provedor.*

Encare isso. Confesse isso. Viva um milagre. Uma das atitudes tristes e infelizes que o ensinamento sobre prosperidade gerou é essa obsessão por ser primeira classe, excelente e elitista.

Conheci alguns ministros do evangelho que ficaram enfurecidos quando receberam uma passagem aérea de classe econômica, declarando: "Só voo na primeira classe; sou filho do Rei". Entretanto, sentam-se para preparar o sermão sobre Jesus, que nasceu numa manjedoura e foi para a cruz, para que tivéssemos vida eterna.

Eu apoio a excelência. Concordo que devemos fazer coisas com a mais alta qualidade. Mas uma atitude de humildade é realmente o nível mais alto que Deus quer que conheçamos e experimentemos.

Isso a torna *inesquecível*.

17

A MULHER INESQUECÍVEL É SÉRIA COM SEU TRABALHO

Rute pediu permissão para trabalhar nos campos de Boaz. *Ela queria trabalhar.*

Não há registros de que Rute tenha sido inscrita no "departamento de bem-estar", para alimentar a si mesma e à sua sogra. Ela não reclamou. Não lamentou nem queixou-se de maus tratos. Ela não estava soluçando no altar da igreja por seu marido não ter deixado o dinheiro do seguro quando morreu. Ela amava trabalhar e *procurou* um lugar para trabalhar. Ela pediu permissão para isso.

Não há indicação de que alguém tenha obrigado Rute e implorado para que ela conseguisse um emprego. Noemi não a empurrava da cama toda manhã. Rute não procurava um marido para que pudesse "ficar em casa". Essa mulher levou a sério a atitude de *ser produtiva* com sua vida. Ela quis *fazer a diferença*. Quando se tratou de conquistar as coisas do seu jeito, ela agiu com seriedade.

O seu estilo de trabalho atraiu a atenção dos ceifeiros e dos servos de Boaz. Quando Boaz perguntou ao seu supervisor sobre Rute, este disse: *Disse-me ela: Deixa-me colher espigas e ajuntá-las entre as gavelas após os segadores. Assim, ela veio e, desde pela manhã, está aqui até agora, a não ser um pouco que esteve sentada em casa* (Rute 2.7).

Rute não pediu qualquer benefício extra. Ela não disse: "Sou realmente pobre, você poderia pedir a Boaz para fazer uma doação para mim e para minha sogra viúva?" Ela sequer chegou perto do rico fazendeiro para pedir uma doação!

Rute era *séria* com seu trabalho. Ela era tão séria com isso que o supervisor percebeu que ela não havia parado nem por uns minutos na sombra, mas trabalhou diligentemente de manhã até a noite.

Seu chefe pode estar fora da cidade essa semana, mas as pessoas que trabalham ao seu redor sabem se você está só fazendo movimento ou se está realmente produzindo em seu trabalho. Deixe-me dizer novamente: seu chefe não irá questioná-la sobre sua produtividade. Em vez disso, ele consultará os supervisores, *seus funcionários de confiança, que analisam as atividades de todos os funcionários.*

Penso que é raro encontrar um ótimo funcionário. Parece que muitos querem receber bons salários por uma produtividade mediana. Até conheço alguns que ficam olhando para o relógio 15 ou 20 minutos adiantado, ansiosos para deixar o emprego e ir embora. Se você está chegando atrasado e querendo sair mais cedo, repense seu emprego. Você está trabalhando no lugar errado, ou também desenvolveu uma má atitude a respeito de seu emprego?

O local de trabalho deve ser um lugar feliz para você. Deve ser um lugar de *importância*, grande alegria e senso de produtividade em sua vida.

Eis aqui 8 evidências de que você é uma pessoa séria

1. Você tem um planejamento escrito para o seu dia. Nele, você lista *tarefas* específicas a serem cumpridas, em *horários* específicos, bem como o nome de pessoas para contato e os demais projetos, para acompanhamento.

2. Você anota instruções. Você as *repete para* o seu chefe, para não haver mal-entendidos.

3. Você consulta seu chefe regularmente. Você procura saber a opinião dele a respeito das áreas em que você pode melhorar, corrigir-se, buscando ouvir as sugestões dele.

4. Você procura participar de congressos. Você quer estar tecnicamente preparada para o seu emprego e qualificada para ser a melhor que puder.

5. Você se veste apropriadamente e com dignidade. Você quer representar bem sua empresa se o seu chefe levar convidados especiais ao escritório.

6. Você está sempre disposta a aceitar responsabilidade extra. Você não se importa se estiver passando por uma crise ou prestes a completar um projeto pessoal importante. Se a hora extra for necessária, você se disponibiliza.

7. Você motiva os outros ao seu redor. Você encoraja seus colegas de trabalho a voltar para suas tarefas, em vez de ficar fofocando na hora do almoço.

8. Você procura soluções para os problemas a sua volta.

É isso que faz uma mulher inesquecível.

18

A MULHER INESQUECÍVEL ENTENDE QUE HOMENS PRODUTIVOS REAGEM A MULHERES PRODUTIVAS

Quando o supervisor informou a Boaz que a trabalhadora era Rute, a nora de Noemi, também informou que ela pediu permissão para trabalhar e colher nos campos. Ele disse que era muito produtiva e que tinha se ausentado do trabalho apenas há poucos minutos. Boaz então tomou a iniciativa de aproximar-se de Rute. Ele a instruiu a colher apenas no campo dele; ela não precisava ir a mais lugar algum. *Ele queria envolver-se na vida dela.*

A produtividade é atraente.

Quando Jesus chamou os discípulos, eles estavam ocupados, *fazendo* alguma coisa. Alguns estavam pescando. Outros, coletando impostos. Inclusive

Saulo (antes de tornar-se o apóstolo Paulo) era muito diligente em colocar um cristão na prisão, até que Deus falou com ele na estrada de Damasco e chamou-o para o ministério.

Você foi ordenada a *multiplicar*.

Deus também *reage* à produtividade.

Veja os exemplos: quando o homem com um talento recusou-se a multiplicá-lo, o que ele tinha lhe foi tirado, e ele foi lançado nas trevas exteriores (veja Mateus 25.14-30).

> *Vendo de longe uma figueira que tinha folhas, foi ver se nela acharia alguma coisa; e, chegando a ela, não achou senão folhas, porque não era tempo de figos. E Jesus, falando, disse à figueira: Nunca mais coma alguém fruto de ti. E os seus discípulos ouviram isso.*
>
> Marcos 11.13,14

Parece que Deus *mata tudo que se recusa a crescer e a multiplicar-se.*

A primeira instrução que Deus deu a tudo foi *multiplicar* e *crescer*. Pássaros, animais e pessoas. Até as plantas e árvores foram ordenadas a crescer e multiplicar. *E Deus os abençoou, dizendo: Frutificai, e multiplicai-vos, e enchei as águas nos mares; e as aves se multipliquem na terra* (Gênesis 1.22).

Não é natural *diminuir*. O natural é *crescer*.

Quando você faz coisas certas, atrai pessoas certas para a sua vida. Quando faz coisas erradas, atrai pessoas erradas.

Quando você anda em obediência, atrai pessoas acostumadas com a obediência. Quando anda em desobediência, atrai pessoas acostumadas com a desobediência.

Quando você é preguiçosa, atrai pessoas preguiçosas. Quando é diligente, atrai pessoas diligentes para sua vida.

Essa é uma das recompensas gloriosas de fazer a coisa certa, ser produtivo e multiplicar-se. Tudo que é certo começa a chegar à sua vida [da parte de Deus] porque você atrai essas coisas.

Você não precisa ser uma mulher de negócios com sua própria empresa para ser produtiva. Você pode ser produtiva bem aí, em sua casa, todos os dias. Pode ser produtiva nas atividades de sua igreja, nos cuidados com a saúde, nos estudos.

Nunca subestime os benefícios da *produtividade* em sua vida.

Ela é um dos grandes segredos para tornar-se uma *mulher inesquecível*.

Você nunca está tão distante
de um milagre quanto parece.

— Mike Murdock

19

A MULHER INESQUECÍVEL DESCOBRE ALGUÉM QUE ESTÁ SEMPRE A OBSERVANDO E QUE É CAPAZ DE ABENÇOÁ-LA GRANDEMENTE

Pessoas bem-sucedidas são *observadoras*. Elas percebem tudo que acontece ao seu redor. Elas estudam o *comportamento* humano, as reações.

Qualquer empregador percebe a preguiça instantaneamente. Qualquer chefe pode dizer quem são os lentos de sua equipe, bem como quem são os ágeis. Não significa que eles demonstram isso imediatamente. Pessoas preguiçosas nem sempre são despedidas assim que ingressam na empresa. Pessoas diligentes nem sempre são promovidas quando começam a destacar-se.

Padrões são estudados. Atitudes são observadas. Promoções são *eventuais*.

Boaz, o rico fazendeiro, certo dia perguntou sobre Rute aos seus trabalhadores:

De quem é esta moça? Esta é a moça moabita que voltou com Noemi dos campos de Moabe. Disse-me ela: Deixa-me colher espigas e ajuntá-las entre as gavelas após os segadores. Assim, ela veio e, desde pela manhã, está aqui até agora, a não ser um pouco que esteve sentada em casa.

Rute 2.5-7

Funcionários também notam o mais diligente entre eles. Também conversam com os chefes.

Chefes escutam funcionários de confiança. É provável que as palavras de um funcionário de confiança determinem o aumento de salário e a promoção que os chefes dão na empresa.

Da mesma forma, também é provável que as palavras de um funcionário de confiança *evitem* que alguém receba um aumento de salário ou uma promoção.

É por isso que é uma tolice ser preguiçosa no trabalho. As pessoas ao seu redor acabam fazendo a parte que cabe a você. Elas podem, em algum momento, ressentirem-se com você por causa disso. O *ressentimento delas sempre chega aos ouvidos do único que a pode promover.*

Atitudes tornam-se conhecidas. Quando um funcionário está insatisfeito ou amargurado, ele envenena a atmosfera. Eventualmente, um funcionário de confiança contará ao supervisor. Então, sua demissão estará garantida.

Não é boa a vossa jactância. Não sabeis que um pouco de fermento faz levedar toda a massa?

1 Coríntios 5.6

Não vos enganeis: as más conversações corrompem os bons costumes.

1 Coríntios 15.33

Sem lenha, o fogo se apagará; e, não havendo maldizente, cessará a contenda.

Provérbios 26.20

Nunca se esqueça disso. Sua atitude, sua conduta e seu comportamento estão sendo continuamente reportados a alguém... em algum lugar... em algum momento.

Porquanto tudo o que em trevas dissestes à luz será ouvido; e o que falastes ao ouvido no gabinete sobre os telhados será apregoado.

Lucas 12.3

Obviamente os críticos a observam. Eles estudam continuamente suas falhas, discutem-nas e fofocam. Ignore a grande tentação de responder a eles. De repente, a opinião deles pode tornar-se seu foco. Você se esforçará para justificar seu comportamento ou se envolverá numa eterna campanha para provar que eles estão errados. Não caia por causa disso.

Os críticos dificilmente apresentam uma solução melhor. Eles não são construtivos. Eles são destrutivos.

Nunca construa sua vida em torno da opinião de um crítico. Pelo contrário, conscientize-se de que a pessoa que Deus ordenou para ser sua abençoadora *está observando-a agora.* Ela observa suas reações em meio a uma crise. Ela repara sua resposta à crítica e à correção. Ela reage a uma atitude de humildade, gentileza e graciosidade. Seus atos de misericórdia são documentados.

Cada qualidade boa em você é óbvia e notável para aquele a quem Deus chamou para promovê-la.

Rute não teve de "vender-se" a Boaz. Ela não teve de falar persuasiva e timidamente nem flertar com os servos dele. Certamente, se Rute tivesse flertado com os servos, Boaz seria o primeiro a saber. Notícias correm. As pessoas comentam entre si. E consequentemente, Rute nunca teria se tornado a esposa de Boaz.

Grandes pessoas notam grandes qualidades. Então, não desanime quando as críticas vierem de todos os lados. Não se frustre quando parecer que a promoção está demorando. Não fique se perguntando se Deus realmente notou seus duros esforços e tudo o que fez para agradar-lhe.

Existe um Boaz programado para o seu futuro. Ele pode já estar próximo a você.

Há uma grande possibilidade de que ele já a conheça pelo nome e esteja planejando abençoá-la, proporcionando-lhe grandes experiências.

Alguém está dizendo coisas boas sobre você hoje. *Alguém* enxerga suas qualidades. Algo incrível está sendo falado a seu respeito. Alguém está planejando recompensá-la. Essa pessoa está mais próxima do que você imagina.

Sua fé decidirá quando isso vai acontecer.

Suas atitudes programarão isso.

Então, mantenha seu foco na *obediência*. Mantenha seu foco em fazer as *coisas certas. Quando você se mantiver fazendo as coisas certas, as pessoas certas entrarão em sua vida.* Quando você se mantiver fazendo as coisas certas, as pessoas erradas se afastarão de você. Quando você se mantiver fazendo as coisas certas, as novidades chegarão. Quando você se mantiver fazendo as coisas certas, *a promoção estará garantida.*

> *Então, disse Boaz a Rute: Não ouves, filha minha? Não vás colher a outro campo, nem tampouco passes daqui; porém aqui te ajuntarás com as minhas moças. Os teus olhos estarão atentos no campo que segarem, e irás após elas; não dei ordem aos moços, que te não toquem? Tendo tu sede, vai aos vasos e bebe do que os moços tirarem.*
>
> Rute 2.8,9

Boaz disse a seus moços para deixar Rute ali no meio dos feixes, para deixarem cair alguns punhados, a fim de que ela os colhesse, e para não repreenderem-na (v. 15,16).

Nunca se esqueça disso. Seu pai está percebendo sua resposta à correção dele. Sua mãe percebe seu desejo de demonstrar misericórdia às suas irmãs e aos seus irmãos. Seus irmãos e irmãs eventualmente recebem uma informação sobre sua verdadeira atitude e seu sentimento por eles. Seu chefe descobre mais rápido do que você possa imaginar quando você discorda da instrução que ele lhe deu.

Alguém que a está observando hoje está na posição de contribuir para desencadear a maior fase de milagres que você já viu em toda a sua vida.

Não leve isso na brincadeira. Vigie suas palavras. Vigie suas atitudes.

> *Mais digno de ser escolhido é o bom nome do que as muitas riquezas; e a graça é melhor do que a riqueza e o ouro.*
>
> Provérbios 22.1

Isso a tornará inesquecível.

20

A MULHER INESQUECÍVEL DESCOBRE QUE DEUS PODE ENVIAR-LHE ALGUÉM, ONDE QUER QUE ESTEJA

Num dia, Rute era uma pobre viúva moabita. No outro, era a esposa de um rico fazendeiro, pois sem que esperasse o homem reservado para ela entrou em sua vida.

Isso pode acontecer em um único dia. *Milagres acontecem tão rápido quanto tragédias.* Deus é onipotente e onipresente. Para Ele, não existe distância, pois Ele é o Senhor do universo.

É verdade que Ele criou os gados e colocou-os em muitas montanhas. Também é verdade que Ele sabe *onde* cada montanha está — e *onde* cada vaca está.

Pedro foi instruído a ir pescar porque Jesus sabia exatamente onde estava o peixe que continha o dinheiro para seus impostos.

Deus viu a viúva de Sarepta faminta, e dentro de pouquíssimo tempo Ele lhe enviou Elias, que mudou radicalmente o estilo de vida dela.

Davi cuidava de ovelhas. Ele estava sozinho, tocando sua harpa e acalmando suas ovelhas. Ele parecia distante de onde a ação estava acontecendo. Seus irmãos eram soldados conhecidos de Saul. Ele era apenas um pastorzinho. Dentro de algumas horas, seu nome tornou-se conhecido em Israel. Deus o colocou no caminho de Golias e da maior vitória de sua vida.

Deus vê você. *Não se vendem cinco passarinhos por dois ceitis? E nenhum deles está esquecido diante de Deus. E até os cabelos da vossa cabeça estão todos contados. Não temais, pois; mais valeis vós do que muitos passarinhos* (Lucas 12.6,7).

Deus quer dar algo a você. *Toda boa dádiva e todo dom perfeito vêm do alto, descendo do Pai das luzes, em quem não há mudança, nem sombra de variação* (Tiago 1.17).

Deus quer que você tenha coisas boas. *Não negará bem algum aos que andam na retidão* (Salmo 84.11).

Quando Deus está prestes a abençoar você, Ele coloca uma pessoa em sua vida.

Você se sente como Davi hoje, isolada nas montanhas criando ovelhas, enquanto as coisas acontecem num lugar próximo? *Deus pode enviar alguém a você dentro de 24 horas.*

Às vezes você se sente como Moisés, enfurnada no deserto, cuidando das ovelhas para o seu sogro? Dentro de 24 horas, você pode estar junto aos líderes dos nossos dias.

Você se sente como a viúva faminta, presa à responsabilidade de cuidar de um filho sem saber de onde virá sua próxima refeição? Foque em sua fé. Um "Elias" está recebendo uma instrução para entrar em sua vida como resposta às suas orações. *Sua fome terminou.*

Você se sente como o homem coxo à Porta Formosa? Sente que todo mundo consegue atenção e recebe milagres, menos você? Algo está para acontecer. Deus está programando alguém para você hoje.

Alguém falou seu nome esta manhã, alguém que você nem conhece. *Alguém comentou de você essa semana; alguém* que Deus está enviando para sua vida.

Você pediu ao Senhor um milagre específico, uma pessoa que entre em sua vida e mude tudo. Você *não* foi *esquecida* por Deus.

Suas circunstâncias são perfeitas para um milagre.

José poderia facilmente ter pensado: "Estou na prisão. Como conseguirei alcançar o palácio com essa mancha na minha reputação?" Pouco tempo depois, foi nomeado governador do Egito.

Deus pode levá-la a qualquer lugar que Ele queira... dentro de 24 horas.

A mulher inesquecível sabe disso.

21

A MULHER INESQUECÍVEL
É GRATA E APRECIADORA

Rute era *apreciadora*.

Ser apreciador significa demonstrar apreciação por alguém ou por alguma coisa; ser grato.

É interessante notar a reação de Rute quando Boaz deu a ela permissão para ficar em seu campo e colher espigas. *Por que achei graça em teus olhos, para que faças caso de mim, sendo eu uma estrangeira?* (Rute 2.10,11). Ela continuou no versículo 13: *Ache eu graça em teus olhos, senhor meu, pois me consolaste e falaste ao coração da tua serva, não sendo eu nem ainda como uma das tuas criadas.* Rute realmente não achava que era digna de ser tratada assim, que isso lhe era devido. Ela nem mesmo pediu qualquer favor que a privilegiasse. Ela valorizou a menor migalha deixada para ela.

Pessoas apreciadoras têm um certo magnetismo. A capacidade que elas têm de valorizar atos de gentileza nos inspira e nos faz querer agir da mesma forma.

Jéssica é uma linda garota de nove anos de Minneapolis, Minnesota. Ela é muito articulada, expressiva e apreciadora. Toda vez que faço algo especial por ela, Jéssica olha com aqueles olhos grandes e o maior sorriso que você pode imaginar e diz: "Oh, muito obrigada!" É essa atitude de gratidão que torna as crianças tão lindas e incentiva- nos a fazer algo para elas.

Sempre dizem que o Natal é para as crianças. Mas por que dizem isso se é celebrado o nascimento de Jesus de Nazaré, que veio para salvar a humanidade? Devemos, sim, aproveitar o Natal como as crianças. Elas *apreciam*. Celebram os presentes. Os presentes são grandes acontecimentos para elas.

É tão triste que alguns de nós, após receber presentes e bênçãos por tantos anos, tenha sua capacidade de apreciar deteriorada e diminuída dramaticamente. Trabalhe isso em sua vida. Trabalhe isso em sua casa. Não se contente com o seu marido ser aquele "que traz o pagamento para casa". Não assuma que é a "mulher que limpa a casa e prepara as refeições".

A apreciação daqueles ao seu redor a tornará inesquecível.

Encontre maneiras de expressar sua apreciação. Faça-o *verbalmente*. Use palavras gentis. Faça-o *particularmente*. Quando ninguém mais estiver por perto, seja gentil em expressar verdadeira apreciação e gratidão.

Faça-o publicamente. Os outros precisam ouvir que você reconhece e aprecia aquilo com que Deus a abençoou.

Faça-o *sempre*. Não apenas uma vez por ano, no aniversário ou em uma comemoração.

Faça-o *generosamente*. Vá além quando comprar um presente para uma pessoa especial que você ama e aprecia.

Faça-o *cuidadosamente*.

Um dos meus amigos mais próximos de Sarasota, Flórida, enviou-me dois livros poucas semanas atrás, exatamente do autor que ele sabe que eu amo. Ele foi cuidadoso ao comprar meu presente. Ele sabia que eu gostaria de ler. Muitas pessoas me deram livros que acharam que eu deveria ler... pouquíssimas compraram os que eu realmente queria ler.

Faça-o *rapidamente*. Se alguém abençoou sua vida de forma significativa, não espere muitos meses ou anos para expressar isso. Tente estabelecer o hábito de responder a um ato de gentileza *dentro de 72 horas*.

Faça-o *alegremente*. Quando você expressar sua apreciação, não o faça de má vontade, como se fosse uma obrigação ou um esforço.

Você se tornará *inesquecível* para cada amigo que possui.

O VALOR DE QUALQUER RELACIONAMENTO
É MEDIDO PELA INFLUÊNCIA
EM SUAS PRIORIDADES.

— Mike Murdock

22

A MULHER INESQUECÍVEL TEM CONHECIMENTO DOS NEGÓCIOS DO HOMEM DE SUA VIDA

Rute *trabalhava* nos campos de Boaz. Trabalhava entre os empregados dele. *Ouvia* as conversas deles. *Eles a conheciam.*

Havia uma troca constante, dia após dia. Obviamente, quando Boaz quis comentar sobre seus negócios, ela já estava a par desse assunto. Rute sabia das necessidades dos trabalhadores. Tenho certeza de que ela teria percebido um equipamento quebrado, entre outros problemas. Ela era consciente, alerta e informada.

Ouvi dizer que muitos no mundo do crime organizado nunca comentam nada com sua esposa. Ela apenas cuida da casa e dos filhos. Ela desconhece as atividades do marido.

A ignorância é perigosa. É mortal. Rouba de você um forte vínculo com seu marido — *a paixão dele pelo trabalho.* É um dos maiores motivos do fracasso de casamentos.

Você jamais poderá entender seu esposo estudando-o. Você deve estudar aquilo que ele estuda. Deve olhar para as mesmas coisas que ele prioriza diariamente.

Você tem de *aprender* a discutir sobre aquilo que ele ama discutir. Você tem de *aprender* a pensar os pensamentos que ele *gosta de pensar.*

Você deve sentir-se confortável para seguir na *mesma direção* que ele está seguindo.

Poucas mulheres realmente compreendem a paixão de seu marido pelo trabalho. Isso explica por que muitos relacionamentos ilícitos começam no trabalho.

Um ministro que estava muito infeliz me disse chorando: "Meu ministério foi destruído por causa do meu relacionamento com minha secretária. Mike, ela não era mais atraente que minha esposa. Ela nem era mais sensual. *Ela apenas entendia os problemas que eu estava tentando resolver todos os dias.* Ela estava lá quando eu precisava desabafar ou expressar-me. Ela se tornou uma espécie de megafone para mim".

Eu imploro às esposas em todo lugar: *tornem-se conhecedoras dos problemas que seus maridos têm se dedicado a resolver.*

O segredo de um homem está na memória dele. Encoraje-o a expressar seus sentimentos. Entenda as lembranças dele. Permita que ele exponha seus medos, sem dar conselho. Permita que ele fale, sem interrupções triviais. Dê total atenção quando ele falar. *Ouça atentamente. Faça perguntas reflexivas.*

Penso que *a maioria das mulheres agradáveis do mundo são aquelas que fazem as melhores perguntas.* Então, dê uma chance ao seu companheiro de comentar a paixão e a obsessão dele.

"Não traga trabalho para casa!" é o clamor dos manuais de casamento. Isso é ridículo. *Qualquer pessoa que está tendo sucesso em sua vida leva trabalho para onde quer que vá.* Isso consome sua mente. Esta é a paixão da sua vida. Ela ama falar sobre isso continuamente.

(Existem exceções, claro, especialmente quando alguém em sua casa não está verdadeiramente interessado ou informado. Qualquer conversa com essas pessoas sempre se torna pesada.)

Este é um segredo mestre da *mulher inesquecível.*

AS FASES DA SUA VIDA MUDARÃO
CADA VEZ QUE USAR SUA FÉ.

— Mike Murdock

23

A MULHER INESQUECÍVEL SABE QUANDO AS FASES DE SUA VIDA ESTÃO MUDANDO

Rute provou a alegria da intimidade e as decepções de um casamento normal. Ela cresceu no conforto de sua nação. Contudo, quando sua maior fonte de orientação resolveu fazer uma mudança, ela *cooperou*.

Deus nunca muda, mas as fases *mudam*.

Moisés experimentou sua fase no palácio do Egito. Mas, quando se tornou um libertador, seu *coração começou a mudar* enquanto observava a escravidão dos irmãos. As fases mudaram, e ele discerniu isso.

Elias foi enviado ao ribeiro. Os corvos o alimentaram. Mas um dia o riacho secou, e os corvos não apareceram. A escassez era um sinal. *A fase de mudança havia chegado*. Era hora de fazer planos para a viagem a Sarepta.

Observe cuidadosamente suas circunstâncias atuais. É possível que você tenha esgotado os benefícios de sua fase presente? Poderia Deus estar dando a você novas peças do quebra-cabeça para juntar? Você se encontra pensando em outro lugar e outra fase, em vez de focar no seu presente?

Seja boa com você mesma. Perceba quando Deus programa uma transição em sua vida. Pode não acontecer de repente. Pode ser uma mudança lenta, mas a mudança é totalmente garantida quando Deus trabalha para *promover* alguém.

> *Não vos lembreis das coisas passadas, nem considereis as antigas. Eis que farei uma coisa nova, e, agora, sairá à luz; porventura, não a sabereis? Eis que porei um caminho no deserto e rios, no ermo.*
> Isaías 43.18,19

Cante novas canções. *Cantai-lhe um cântico novo; tocai bem e com júbilo* (Salmo 33.3). *E pôs um novo cântico na minha boca...* (Salmo 40.3).

Peça o vinho novo. *E se encherão os teus celeiros abundantemente, e trasbordarão de mosto os teus lagares* (Provérbios 3.10).

Seja grata pelo seu novo nome. Em Isaías 62.2 é dito: *E as nações verão a tua justiça, e todos os reis, a tua glória; e chamar-te-ão por um nome novo, que a boca do SENHOR nomeará.*

Receba um novo espírito. *E vos darei um coração novo e porei dentro de vós um espírito novo; e tirarei o coração de pedra da vossa carne e vos darei um coração de carne* (Ezequiel 36.26).

Fale em novas línguas. *Falarão novas línguas* é a promessa em Marcos 16.17.

Ouça novas instruções. *Um novo mandamento vos dou: Que vos ameis uns aos outros; como eu vos amei a vós, que também vós uns aos outros vos ameis,* ordenou Jesus em João 13.34.

Lembre-se de que você é uma nova criatura. *Assim que, se alguém está em Cristo, nova criatura é: as coisas velhas já passaram; eis que tudo se fez novo* (2 Coríntios 5.17).

Revista-se do novo homem. Paulo nos encorajou: *E vos revistais do novo homem, que, segundo Deus, é criado em verdadeira justiça e santidade* (Efésios 4.24).

Tome posse do novo pacto. *Dizendo novo concerto, envelheceu o primeiro. Ora, o que foi tornado velho e se envelhece perto está de acabar* (Hebreus 8.13).

Deixe-o fazer novas todas as coisas. *E o que estava assentado sobre o trono disse: Eis que faço novas todas as coisas. E disse-me: Escreve, porque estas palavras são verdadeiras e fiéis* (Apocalipse 21.5).

Lembre-se da promessa do novo nome. *A quem vencer, eu o farei coluna no templo do meu Deus, e dele nunca sairá; e escreverei sobre ele o nome do meu Deus e o nome da cidade do meu Deus, a nova Jerusalém, que desce do céu, do meu Deus, e também o meu novo nome* (Apocalipse 3.12).

Nunca duvide disso. Deus muda as fases de sua vida.

Os *gostos* mudam. As *necessidades* mudam. *Amizades* mudam. *Objetivos* mudam. Seus *sonhos* mudam. A localização de *sua casa* muda.

Foi isso que se destacou notavelmente na vida da mulher moabita, Rute.

Rute cooperou com a mudança de fases.

24

A MULHER INESQUECÍVEL RECONHECE UM BOM HOMEM QUANDO O VÊ

Poucas reconhecem.

Frequentemente, leio muitas revistas. Revistas de mulheres são especialmente interessantes, já que revelam tanto sobre a mentalidade feminina de nossa geração. Os títulos dos artigos são cômicos, porém trágicos. Existe um gemido e um lamento esmagador surgindo de algumas mulheres que são abusadas, usurpadas e falsamente acusadas.

Os programas de entrevista na televisão são um desfile diário de degradação emocional, enquanto as pessoas vomitam suas fúrias e fracassos. "Eu sempre caso com o tipo de homem errado", resmunga uma mulher. "Ele me bate há 15 anos", chora uma vítima de olhar triste.

Se os convidados que aparecem nos programas de entrevistas aqui nos Estados Unidos são retratos dos homens e das mulheres desta sociedade, nosso mundo inteiro está numa triste e trágica situação. Estamos sempre culpando alguém por nossos problemas... *problemas que nós escolhemos ao nos vincularmos a eles!*

Os homens escolhem uma esposa. Depois, proclamam ao mundo que ela é ignorante, insensível e desatenta às suas necessidades.

As mulheres escolhem um marido. Depois, reclamam que ele é preguiçoso, infiel e não é carinhoso. Porém, *ele foi a escolha número um no meio de muitos!*

De certa forma, nós nunca assumimos a responsabilidade por nossas escolhas; nunca olhamos no espelho e assumimos que estamos usando o critério errado, se continuamos fazendo a escolha errada.

Você nunca encontrará pessoas certas nos lugares errados.

Você nunca encontrará pessoas boas em lugares ruins.

Você nunca encontrará pessoas puras em lugares impuros.

"Onde você conheceu seu marido?", perguntou a apresentadora de um programa a uma jovem que reclamava do marido alcoólatra. "No bar", foi a resposta.

É por isso que admiro Rute. Ela encontrou um bom homem, Boaz.

Eis aqui 27 qualidades do bom homem que Rute encontrou

1. Ele *trabalhava*.

2. Ele trabalhava *diligentemente*.

3. Ele tinha empregados.

4. Ele possuía terras.

5. Ele tinha sua própria casa.

6. Ele era conhecido na comunidade.

7. Ele interrogava os outros sobre ela.

8. As pessoas que o cercavam estavam informadas, cientes e alerta sobre quem era Rute, seus antecedentes e seu estilo de trabalho.

9. Aqueles nos quais ele confiava eram dignos de confiança.

10. Ele sabia e discernia as qualidades dela.

11. Ele deu a Rute acesso a ele.

12. Ele expôs Rute àqueles que estavam mais próximos dele.

13. Ele, de bom grado, convidou-a para participar de sua vida.

14. Ele não tinha medo de que ela soubesse mais sobre ele e seus negócios.

15. Ele era gracioso e gentil com ela.

16. Ele tomava providências para evitar que os outros fizessem observações equivocadas sobre ela.

17. Ele protegia a pureza e os sonhos dela.

18. Ele instruía aqueles que o cercavam a fazer coisas gentis para ela.

19. Ele era informado sobre a atitude, a compaixão e a misericórdia dela para com Noemi, sua sogra.

20. Ele sabia de onde ela vinha.

21. Ele estava ciente dos esforços e dificuldades que ela estava disposta a enfrentar, para fazer ajustes.

22. Ele sabia que Deus era o provedor dela e que Ele galardoaria o seu feito, e que seria cumprido o galardão do Senhor, Deus de Israel, sob cujas asas ela foi abrigar-se (Rute 2.12).

23. Ele honrou o fato de que ela confiava em Deus para tudo que queria, em vez de pedir que Ele pagasse suas contas.

24. Ele confortou Rute.

25. Ele falou amigavelmente com Rute, mesmo sendo ela estrangeira.

26. Mesmo sendo uma mulher extremamente abençoada, ele nunca exigiu nada dela.

27. Ele não brincava. Ele não deu em cima dela.

Estas são algumas das características de um bom homem. Nunca esqueça esse poderoso segredo de sabedoria: *um bom homem espera que você confie no seu Deus para a sua provisão.*

O sistema do mundo é diferente. Muitas mulheres vivem com homens que pagarão suas contas, tornando-as servas de sua provisão. *Qualquer homem que faz isso as comprou com a responsabilidade de ser fiel a elas.*

Um homem de Deus quer que você confie em Deus, mas não porque ele não pode prover. Boaz era muito capaz e instruiu seus servos a deixar punhados para Rute colher. Mas nunca há um fim para sua bênção e provisão *se Deus for sua fonte.*

Homens morrem. Seu Deus é eterno.

Homens mudam. Homens abandonam.

Boaz era um homem de Deus. Ele usava o critério de um homem de Deus.

Rute reconheceu o homem extraordinário quando ela o encontrou.

É por isso que ela era uma *mulher inesquecível.*

ACESSO É PRIMEIRO UM DOM, DEPOIS UM TESTE, E FINALMENTE UMA RECOMPENSA.

— Mike Murdock

25

A MULHER INESQUECÍVEL COOPERA COM OS COSTUMES E O PROTOCOLO LOCAL

Era costume uma viúva casar-se com o parente mais próximo, que poderia comprar a terra do falecido marido, e então perpetuar a semente do falecido por meio dos filhos. Noemi deu a Rute o privilégio de encorajá-la a aproximar-se de Boaz. E Rute respondeu a Noemi: *Tudo quanto me disseres farei. Então, foi para a eira e fez conforme tudo quanto sua sogra lhe tinha ordenado* (Rute 3.5,6).

A tradição contém limitações.

Costumes nem sempre são interessantes, em qualquer lugar.

O protocolo estabelecido pode ser questionado. Existe, porém, uma grande vantagem em respeitar a autoridade. *Grandes bênçãos fluem quando as regras de conduta são respeitadas e apreciadas.*

Muitos de nós aprendemos com livros de etiqueta, com mães cuidadosas ou amigos que nos reprovam quando saímos da linha.

Regras aceitáveis de comportamento são valiosas. Elas vinculam as pessoas. Elas ligam as pessoas. Elas criam um clima favorável para gerar amizades.

Relacionamentos são fortalecidos por causa do protocolo.

Rute era de Moabe. Ela não estava habituada com os costumes do povo de Noemi. Mas conhecia a incrível *recompensa da cooperação.* Lembre-se disso.

A mulher inesquecível conhece a recompensa da cooperação.

Aqueles que não valorizam as recompensas da cooperação sempre acabam presos ou desempregados.

O propósito da autoridade é criar ordem. *Ordem é o ajuste apropriado das coisas.* O propósito da ordem é aumentar sua produtividade, pois esta determina sua recompensa.

Isso explica o sinal vermelho. Isso explica os limites de velocidade. As regras aumentam a segurança e a proteção de todos nós.

Assista a seminários, leia livros e ouça CDs que mostram as regras de conduta e diretrizes para o comportamento social com os demais.

Eis aqui 3 recompensas por honrar o protocolo

• Multiplicará sua eficácia na comunicação.

• Aumentará sua habilidade em fazer amigos.

• Poderá reduzir o número de inimigos por toda a sua vida.

Este é um ponto-chave na vida de uma *mulher inesquecível*.

NÃO OLHE PARA ONDE VOCÊ JÁ ESTEVE,
OLHE PARA ONDE VOCÊ PODE IR.

— Mike Murdock

26

A MULHER INESQUECÍVEL ESTÁ DISPOSTA A FAZER QUALQUER MUDANÇA NECESSÁRIA PELO HOMEM DE SUA VIDA

Rute trabalhava nos campos colhendo trigo, dependendo da estação. Um dia, ela chegou em casa e sentou-se para conversar com Noemi. Seu cabelo provavelmente estava embaraçado, o suor escorria pelo corpo. Ela estava exausta e desgastada. Sem dúvida, ela parecia tão cansada quanto poderia parecer ao fim de um longo dia difícil!

Noemi a aconselhou a aproximar-se de Boaz. *Lava-te, pois, e unge-te, e veste as tuas vestes, e desce à eira; porém não te dês a conhecer ao homem, até que tenha acabado de comer e beber* (Rute 3.3).

Homens respondem à *visão*. Mulheres respondem ao *toque*.

Não sei de todos os detalhes, mas todos nós concordamos que homens e mulheres são criaturas totalmente diferentes: necessidades diferentes, gostos diferentes, a higiene importa, a aparência importa.

Rute se arrumou de acordo com o lugar para onde ia, e não de acordo com o lugar em que estava.

O traje de uma prostituta é comentando em Provérbios 7. O traje de uma mulher virtuosa é comentado em Provérbios 31.

Em Gênesis, vemos que José fez a barba e trocou as vestes porque os egípcios detestavam barbas. Ele queria criar um clima de aceitação no palácio de faraó.

Até mesmo Timóteo foi instruído pelo apóstolo Paulo sobre a aparência e as roupas das mulheres na igreja.

Eu assisti a um incrível seminário alguns meses atrás. Era sobre aparência e como criar um senso de equilíbrio no vestuário, até mesmo mudando as cores que você usa.

O modo como você se arruma determina o seu desejo.

Noemi era brilhante. Ela ensinou a Rute como dar a Boaz uma imagem da qual ele gostava de lembrar-se. Uma imagem que lhe daria o *desejo de alcançá-la.*

Alguns meses atrás, eu estava dirigindo até minha casa. Uma esposa acenava despedindo-se do marido enquanto ele saía com o carro. O cabelo dela estava enrolado. O roupão parecia rasgado, amassado e provavelmente estava faltando um ou dois botões. Não cheguei perto o bastante para sentir seu hálito, mas posso imaginá-lo! Ela estava acenando um adeus e *dando a ele uma imagem do que o aguardava quando ele voltasse para casa* (talvez isso explicasse porque ele mal podia esperar para ir trabalhar!).

Tive de rir. Pude imaginar os pensamentos dele sobre "o lar" enquanto dirigia vendo cartazes de lindas mulheres e chegava ao escritório onde havia alguém agradável e atrativamente arrumada.

O que isso significa? *Você tem de tornar-se desejável para o homem que você deseja.*

O presidente da maior agência de empregos do mundo disse que mais de 90% das pessoas que são demitidas o são por causa da *aparência*.

Você é uma mensagem ambulante. As pessoas *veem* como você está *antes de ouvirem* quem você é.

Imagine você entrando em um avião e notando que o piloto está com a camisa suja de Ketchup. Imagine o cabelo dele despenteado. Imagine a sujeira nos sapatos dele. Agora, imagine você se sentando num assento com a capa rasgada. Várias lâmpadas estão queimadas. Qual será seu próximo pensamento? "Será que alguém *checou o motor*? Será que há *combustível* suficiente no tanque? Será que eles tomaram as devidas providências de manutenção?"

O modo como você se arruma determina se você atrai ou afasta.

Veja os produtos que você compra; *tudo* é baseado na aparência.

Faça qualquer mudança necessária hoje que a tornará mais desejável para o seu marido. Pode ser tratar os dentes, levar as roupas para a lavanderia ou encontrar um batom com a cor certa para você.

Esse tipo de atitude fez de Rute uma mulher *inesquecível.*

27

A MULHER INESQUECÍVEL É ACESSÍVEL, AGRADÁVEL E OUSADA

Rute era *acessível*.

Ser acessível significa ser capaz de ser tocada, vista ou conhecida; é ser disponível.

A visibilidade é o fator que mais contribui para a chegada das bênçãos. Ester não se tornou rainha até que fosse vista. Quando Jesus *viu* Zaqueu na árvore, respondeu e foi com ele para casa. Foi por isso que a mulher que tinha fluxo de sangue experimentou a cura. Ela buscou, alcançou e ultrapassou a multidão para conseguir ter contato com o Mestre. Davi jamais pediria para buscar Abigail se ele não a tivesse visto.

Rute trabalhava diariamente nos campos. Os servos a *viam*. Boaz a *via*. O trabalho dela era *conhecido*. Seus hábitos de trabalho eram observados diariamente.

Um dos meus melhores amigos, pastor em Montreal, Canadá, compartilhou comigo um pensamento interessante há algumas semanas. Ele era um ministro solteiro e havia pedido ao Senhor a companheira certa para ele. Contou-me: "Deus me deu uma esposa perfeita". "Como você soube que ela era perfeita para você, apenas por namorá-la?", perguntei. "Ela trabalhava no escritório do ministério. Chegava no horário todas as manhãs. O trabalho dela era impecável, e as suas atitudes eram as de uma verdadeira cristã. Eu a via suportar as mesmas pressões que eu vivia diariamente. Eu vi que ela era perfeita para o meu estilo de vida *antes mesmo de começar a namorá-la*".

Por isso, sua obediência ao Espírito Santo é tão vital à sua felicidade. Quando Ele disser para você mudar para determinada cidade, vá. Quando Ele disser para você tentar um emprego numa empresa específica, tente. Quando Ele confirmar em seu coração que determinada igreja pode ser sua casa e que o homem de Deus daquele lugar foi ordenado a ser o seu pastor, assuma um compromisso de vida lá.

Evidentemente, a acessibilidade pode tornar-se um peso. Pessoas erradas podem alcançar você. Exigências desnecessárias podem ser feitas a você.

Os cristãos solteiros sempre reclamam que "nunca conhecem ninguém". No entanto, ficam em casa durante o culto. Raramente assistem a uma grande reunião de oração e de fé.

E a *sua* vida? Você tem pedido a Deus para enviar um companheiro que ore muito, porém você nunca vai às reuniões de oração de sua própria igreja? Você tem pedido a Deus para enviar alguém que seja entendido nas Escrituras, porém você nunca assiste aos estudos bíblicos semanais? Você tem pedido a Deus para enviar alguém que é um ótimo trabalhador e empreendedor no mundo dos negócios, porém você nunca assiste a um seminário de negócios?

Rute era *agradável*. Ser agradável significa ser simpática, educada, pronta para consentir. Significa ser harmoniosa. Quando Boaz a instruiu a permanecer nos seus campos para colher, ela o fez. Quando Noemi disse o mesmo, ela o fez.

Quando Noemi disse para ela ir ao encontro de Boaz na eira, depois de perfumar-se e trocar de roupa, as Escrituras dizem: *E ela lhe disse: Tudo quanto me disseres farei* (Rute 3.5).

Muitas mulheres acham que ser agradável é chato, que os homens gostam de ser contrariados, confrontados e desafiados.

O que atrai a atenção de um homem, nem sempre atrai seu respeito. O que faz a cabeça de um homem, nem sempre conquista seu coração. O que faz um homem olhar, nem sempre o faz ouvir. O que o faz ouvir, nem sempre o faz desejar.

Um espírito agradável liga você à pessoa que você ama. Faz com que vocês se foquem nas mesmas coisas, andem na mesma direção e curtam um ao outro.

Qual é o verdadeiro companheirismo? *Pés* andando na mesma direção. *Mãos* alcançando as mesmas coisas. *Braços* carregando o mesmo peso juntos. *Olhos* olhando na mesma direção. *Mentes* pensando os mesmos pensamentos. *Corações* batendo juntos.

Certamente, existe um momento para a discussão. Existem benefícios em confrontar pontos de vista e alternativas opostas, *como o ferro com o ferro se aguça* (Provérbios 27.17). Mas suas atitudes e espírito de harmonia produzirão mil vezes mais benefícios que uma atitude teimosa ou rebelde produziria.

Rute era *ousada*. Ser ousada significa ser marcada pela iniciativa ou por direcionar a energia.

Rute foi ousada ao recusar-se a voltar para sua família, em Moabe, quando Noemi, sua sogra, insistiu. Ela era determinada. Ela foi ousada em seguir Noemi de volta a Belém. Ela foi ousada quando se aproximou dos trabalhadores de Boaz e pediu permissão para colher nos campos. Ela foi ousada quando Noemi a enviou a Boaz para discutir a possibilidade de um casamento.

Você não tem direito àquilo que você não buscou.

Jesus ensinou a ousadia.

Pedi, e dar-se-vos-á; buscai e encontrareis; batei, e abrir-se-vos-á. Porque aquele que pede recebe; e o que busca encontra; e, ao que bate, se abre. E qual dentre vós é o homem que, pedindo-lhe pão o seu filho, lhe dará uma pedra? E, pedindo-lhe peixe, lhe dará uma serpente? Se, vós, pois, sendo maus, sabeis dar boas coisas aos vossos filhos, quanto mais vosso Pai, que está nos céus, dará bens aos que lhe pedirem?

Mateus 7.7-11

A prova do desejo é a busca.

Os homens raramente alcançam aquilo de que *precisam*, mas eles sempre alcançam aquilo que *querem*.

Os milagres não acontecem onde são *necessários*. Milagres acontecem onde são desejados e *buscados*.

Isso explica a cura do homem que desceu pelo telhado até Jesus.

Isso explica porque Jesus foi para casa com Zaqueu. Este foi ousado. Ele subiu na árvore para ver Jesus.

Isso explica porque a mulher com fluxo de sangue recebeu a cura; ela atravessou a multidão para tocar na orla das vestes de Jesus.

Isso explica porque o cego recebeu a cura quando clamou: *Jesus, Filho de Davi, tem misericórdia de mim!* (Marcos 10.47).

Pedir é o começo de receber. Mexa-se em direção aos seus sonhos hoje. Valorize o seu dia. Concentre-se em seus compromissos diários e sua agenda. Desenvolva um foco nos desejos do seu coração. Você quer ser curada? Então não estude outras opções e alternativas. Coloque toda sua fé no poder de cura de Jesus.

Você quer libertar-se das dívidas? Então, recuse-se a adaptar-se à escassez e ao espírito de pobreza. Alimente a mentalidade da prosperidade.

Existe uma diferença entre *estar falida e ser pobre.* *Estar falida* é não ter dinheiro. *Ser pobre* é não ter motivação suficiente. *Estar falida* é uma fase. *Ser pobre* é uma opinião.

Deus responde à fé ousada.

Isso a torna uma *mulher inesquecível.*

28

A MULHER INESQUECÍVEL ENTENDE O MOMENTO OPORTUNO, OS COMPROMISSOS E O FOCO DE SEU MARIDO

Quando Noemi, a sogra sábia, instruiu Rute a aproximar-se de Boaz, ela disse:

> *Lava-te, pois, e unge-te, e veste as tuas vestes, e desce à eira; porém não te dês a conhecer ao homem, até que tenha acabado de comer e beber. E há de ser que, quando ele se deitar, notarás o lugar em que se deitar; então, entra, e descobrir-lhe-ás os pés, e te deitarás, e ele te fará saber o que deves fazer.*
>
> Rute 3.3,4

Boaz teve um dia inteiro de trabalho. Ele estava cansado. Exausto. Ele estava terminando o trabalho na eira. Aquele não era o momento oportuno para abordar um homem e falar de um assunto tão importante quanto o casamento. As pessoas raramente tomam decisões quando estão exaustas. *Olhos cansados raramente enxergam um bom futuro.*

Depois do trabalho, ele relaxava comendo e aproveitando sua refeição. Ele estava desacelerando e preparando-se mental e emocionalmente para o dia seguinte. Noemi entendeu isso. Pouquíssimas jovens entenderiam isso. Rute aceitou o conselho. Ela o colocou em prática imediatamente. Funcionou.

Boaz acordou no meio da noite, percebeu que Rute estava ali e começaram a conversar. Ela não tirou dele o foco de seu trabalho. Ela respeitou o momento oportuno, seus compromissos e aquilo que importava para ele. Boaz respondeu perfeitamente.

Muitas mulheres realmente nunca entendem a importância do *momento oportuno* de conversar com os homens. Já vi isso acontecer várias vezes.

Um homem pode chegar exausto e cansado de um longo dia no escritório. Mentalmente, ele tomou centenas de decisões nas últimas 12 horas. Emocionalmente, ele está tentando juntar energia para a semana que se segue. Ele é responsável pelas contas, por manter a casa, pela disciplina dos filhos, tem de lidar com questões da lei e pessoas do trabalho que são improdutivas.

Ele encosta à sua poltrona reclinável com o controle remoto na mão direita. Liga a televisão. É relaxante para ele assistir ao início do jogo de futebol. O que acontece depois disso é comum em toda o mundo. Sua esposa de repente cruza a porta. Ela o vê sentado lá "sem fazer nada", e aproxima-se com várias questões para lançar sobre ele. Vai até a televisão e a desliga. Olha para ele e fala: "Temos de conversar". Estas são as palavras que todo homem odeia ouvir.

Boaz não tinha de preocupar-se com esse tipo de mulher. Rute havia sido sabiamente aconselhada. Havia se sentado aos pés de sua mentora. *Rute entendeu o momento oportuno*. Ela sabia o poder que havia em *respeitar o foco* do homem que desejava.

Certamente, alguém poderia argumentar que os homens não entendem o momento oportuno de aproximar-se de sua esposa também! O ponto é que Rute tinha uma qualidade que todo ser humano precisa ter: *entender a importância do momento oportuno*, dos compromissos de trabalho e do foco das pessoas ao seu redor.

Um dia eu estava concentrado escrevendo uma carta que exigia todo meu entendimento. Mentalmente, excluí túdo e todos. Minha mente criativa estava gerando algo. Meu coração estava esforçando-se para colocar uma verdade específica em palavras no papel. Passar um pensamento invisível para os outros pela escrita pode ser exaustivo e emocionante ao mesmo tempo.

De repente, a porta abriu. Alguém entrou e gritou: "O que você quer comer?" A mágica do momento se partiu em pedaços. O clima estava chacoalhando como um terremoto chacoalharia a Califórnia. Não posso contar quantas vezes a quebra de foco roubou centenas de ideias que estavam surgindo dentro de mim, simplesmente por alguém ter sido desatento.

Você já viu isso acontecer quando certa mãe, de repente, vê seu bebê cair no chão enquanto está dirigindo. Ela vira para trás para pegá-lo. Bate o carro. Desvia o foco.

Você já esteve assistindo a um debate político na TV e ouvindo-o atentamente e alguém começou a discutir coisas com você sem qualquer respeito à sua intensa concentração? Você já esteve lendo um livro concentradamente, e alguém quebrou sua concentração com as questões mais mundanas e ridículas ou frases sobre coisas que não interessam a você? Claro que já.

Quando você se aproximar de pessoas que estão numa conversa profunda, observe esses dois princípios: permita que elas tenham o privilégio de terminar o que começaram. Aprenda a entrar nas conversas na hora certa e com as palavras certas.

A *mulher inesquecível* entende a importância do momento oportuno.

29

A MULHER INESQUECÍVEL CONSTRÓI UMA REPUTAÇÃO DE INTEGRIDADE, COMPAIXÃO E PUREZA

Todo mundo sabia coisas a respeito de Rute.

Boaz a descreveu assim: *Bem se me contou quanto fizeste à tua sogra, depois da morte de teu marido, e deixaste a teu pai, e a tua mãe, e a terra onde nasceste, e vieste para um povo que, dantes, não conheceste* (Rute 2.11).

Mais tarde ele falou: *Bendita sejas tu do SENHOR, minha filha; melhor fizeste esta tua última beneficência do que a primeira, pois após nenhuns jovens foste, quer pobres quer ricos [...] pois toda a cidade do meu povo sabe que és mulher virtuosa* (Rute 3.10,11).

As *pessoas falam coisas boas e coisas ruins;* falsas acusações e afirmações apropriadas.

As pessoas falavam bem de Rute. Sua atitude sacrificial e dedicação para preservar e manter a vida da sogra viúva era um fato conhecido na comunidade. Obviamente, ela não tinha vínculos com nenhum jovem da cidade, rico ou pobre. Seu foco total era Noemi.

A produtividade é uma escolha.

Isso ficou registrado profundamente no coração e na mente de Boaz, que não hesitou em responder à busca de Rute por ele.

Os outros deveriam elogiar você. *Louve-te o estranho, e não a tua boca, o estrangeiro, e não os teus lábios* (Provérbios 27.2).

A reputação é mais poderosa que o dinheiro. *Mais digno de ser escolhido é o bom nome do que as muitas riquezas* (Provérbios 22.1).

Um bom nome é mais atraente que uma excelente fragrância. *Melhor é a boa fama do que o melhor ungüento* (Eclesiastes 7.1).

Há muitos anos, cheguei à casa de uma moça para levá-la para jantar. Enquanto estávamos indo para o restaurante, ela comentou: "Eu tinha outro encontro marcado para hoje à noite, mas eu disse a ele que ia visitar um parente no hospital".

Ela havia mentido. Isso me deixou doente. Eu estava animado em estabelecer um relacionamento com ela, até descobrir em poucos minutos que a falsidade saía dela de forma natural. Obviamente, eu seria a próxima vítima em sua lista. Foi o primeiro e último encontro que tive com ela.

Seja íntegro em tudo que fizer.

Concentre-se nisso. Examine cuidadosamente cada palavra e frase que sai de seus lábios. Nunca diga nada que não seja sincero. Recuse-se a elogiar alguém se isso não for verdadeiro. Não diga coisas apenas para encorajar os outros. *A ninguém torneis mal por mal; procurai as coisas honestas perante todos os homens* (Romanos 12.17).

A *compaixão* de Rute era conhecida.

Observe como uma mulher fala com a mãe dela. Note bem como um homem trata a mãe dele. E também observe como ele reage às lutas e tristezas de alguém.

Sua pureza e virtude eram conhecidas. Evidentemente, muitas falsas acusações eram lançadas naqueles dias. A reputação de pessoas boas foi manchada por gente vingativa e violenta.

José não foi o único que caminhou honestamente diante de Deus, mas teve sua reputação devastada por aqueles que foram recusados ou ignorados.

Contudo, a cidade inteira sabia da determinação de Rute e da sua gentileza para com sua sogra. Eles diziam que ela tratava sua sogra melhor do que sete filhos homens tratariam a mãe deles.

Quase não se ouve falar hoje em dia sobre este tipo de tratamento. Isso não significa que você tem de anunciar todos os seus feitos. Não é importante que você grite ao mundo todos os seus atos de gentileza e misericórdia. De alguma forma, Deus fará com que se tornem conhecidos.

Aquilo que você é será exposto e conhecido em algum momento.

Sim, estas são as qualidades maravilhosas que caracterizam uma *mulher inesquecível*.

30

A MULHER INESQUECÍVEL PROTEGE A REPUTAÇÃO DO PRÓXIMO, EM VEZ DE DESTRUÍ-LA

Rute era uma protetora.

Existe algo interessante a ser ressaltado quando Rute se aproximou de Boaz no meio da noite. Ele tinha dito a ela: *Não se saiba que alguma mulher veio à eira* (Rute 3.14). Ele sabia que sujaria a reputação de ambos se alguém a visse saindo pela manhã. Então, ela levantou antes que um pudesse conhecer ao outro, e saiu antes do dia amanhecer.

Ela poderia ter levado um fotógrafo para fotografar a ocasião, ou poderia ter contado aos amigos mais chegados. Mas Rute não fez isso. Ela honrou o desejo dele. Rute o compreendeu. Ela não se considerou rejeitada. Viu a sabedoria dele. Queria proteger o nome dele e também o dela. Rute era discreta.

Muitas mulheres podem ser vingativas. Estamos numa era vingativa. Você lê isso no jornal todos os dias. Você assiste na televisão. Alguém que se sente escarnecido torna-se consumido pela vingança e retaliação. Essas pessoas estão dispostas a perder tudo que construíram na vida para destruir alguém que as magoou.

Nenhum homem normal quer namorar uma mulher que busca destruir outro homem. Nenhum homem no seu juízo perfeito quer namorar uma mulher que está perseguindo outra pessoa para destruí-la.

A discrição é uma rara, notável e valiosa qualidade.

Rute tinha isso. Isso a tornou *inesquecível.*

31

A MULHER INESQUECÍVEL NUNCA PERMITE QUE SEU PASSADO DECIDA SEU FUTURO

Rute criou um futuro muito diferente de seu passado. Rute era uma moabita que cresceu no paganismo. Os moabitas descendiam de Moabe, um filho fruto de incesto entre Ló e sua filha. Rute se casou com Boaz, filho de uma ex-prostituta, chamada Raabe. Deus os uniu, e entraram na linhagem de Jesus.

Rute e Boaz tiveram Obede. Este teve Jessé, que teve Davi, o qual entrou na linhagem de Jesus Cristo.

Quem foi Rute? Foi bisavó de Davi, o maior guerreiro que Israel já conheceu. Ela foi a tetravó do homem mais sábio que já viveu na terra, Salomão.

Deus nunca consulta seu passado para decidir seu futuro. Satanás pode lembrá-la de seus erros do passado. Não dê ouvidos a ele. Deus nunca lê seu diário. Seu passado acabou. Aja desse jeito. Fale desse jeito. Viva desse jeito.

Seus melhores dias estão *à sua frente*. Seus piores dias estão *atrás* de você.

Existem dois tipos de pessoas que você permite em sua vida: pessoas de hoje e pessoas de amanhã.

Aqueles que Deus usou no passado podem não ter um lugar no seu futuro. Não se preocupe com isso. Mova-se rapidamente em direção às promessas de Deus. Prepare-se para entrar em seu futuro sem as pessoas do passado.

Você não vai cometer os erros do passado de novo. *Você tem mais conhecimento hoje do que jamais teve em sua vida até agora.* Você aprendeu com a dor. Você aprendeu com suas perdas. Você assistiu atentamente ao que aconteceu na vida de outras pessoas e registrou isso.

Não tema se o rastro de seu passado quiser persegui-la e sufocá-la até a morte. Isso não vai acontecer.

Não vos lembreis das coisas passadas, nem considereis as antigas. Eis que farei uma coisa nova, e, agora, sairá à luz; porventura, não a sabereis? Eis que porei um caminho no deserto e rios, no ermo.

Isaías 43.18,19

Irmãos, quanto a mim, não julgo que o haja alcançado; mas uma coisa faço, e é que, esquecendo-me das coisas que atrás ficam e avançando para as que estão diante de mim, prossigo para o alvo, pelo prêmio da soberana vocação de Deus em Cristo Jesus.

Filipenses 3.13,14

O Espírito Santo é seu ajudador. *Mas recebereis a virtude do Espírito Santo, que há de vir sobre vós...* (Atos 1.8).

O Espírito Santo é seu consolador. *Mas, quando vier o Consolador, que eu da parte do Pai vos hei de enviar, aquele Espírito da verdade...* (João 15.26).

O Espírito Santo é seu professor. *Mas aquele Consolador, o Espírito Santo, que o Pai enviará em meu nome, vos ensinará todas as coisas e vos fará lembrar de tudo quanto vos tenho dito* (João 14.26).

O Espírito Santo é revelador das coisas que estão por vir. *Mas, quando vier aquele Espírito da verdade, ele vos guiará em toda a verdade* (João 16.13).

Enquanto você faz esta oração comigo, peço que o Espírito Santo comece a dominar sua mente e sua vida mais do que nunca e que você desenvolva um relacionamento precioso com Ele, sabendo que o passado ficou para trás, e os melhores dias de sua vida estão agora sendo estabelecidos.

"Espírito Santo, eu te recebo no meu coração, na minha casa, na minha vida. Eu me submeto alegremente à tua autoridade, aos teus planos e à tua vontade para mim. Ensina-me os caminhos de Deus. Ensina-me os teus caminhos. Eu não quero jamais te ofender, afligir ou afastar de forma alguma. Tua presença é meu desejo constante. Eu espero por tua constante aprovação. Estou disposta a ser corrigida e aprecio tua voz dentro de mim. O passado terminou e, de hoje em diante, tu és a autoridade sobre mim, minha companhia inseparável e o consolador da minha alma. Em nome de Jesus, amém."

Estrada do Guerenguê, 1851 - Taquara
Rio de Janeiro - RJ - Cep: 22713-001
Tel: (21) 2187-7000
www.editoracentralgospel.com